写给孩子的费曼学习法

尹红心 编著

远方出版社

图书在版编目（CIP）数据

写给孩子的费曼学习法 / 尹红心编著 . —— 呼和浩特：
远方出版社 , 2022.12
ISBN 978-7-5555-1797-9

Ⅰ . ①写… Ⅱ . ①尹… Ⅲ . ①学习方法 Ⅳ .
① G791

中国版本图书馆 CIP 数据核字 (2022) 第 251235 号

写给孩子的费曼学习法
XIE GEI HAIZI DE FEIMAN XUEXI FA

编　　著	尹红心	
责任编辑	武舒波	
封面设计	小徐书装	
版式设计	宋建忠	
出版发行	远方出版社	
社　　址	呼和浩特市乌兰察布东路 666 号　邮编 010010	
电　　话	（0471）2236473 总编室　2236460 发行部	
经　　销	新华书店	
印　　刷	唐山富达印务有限公司	
开　　本	880mm×1230mm　1/32	
字　　数	88 千	
印　　张	5.5	
版　　次	2022 年 12 月第 1 版	
印　　次	2023 年 2 月第 1 次印刷	
标准书号	ISBN 978-7-5555-1797-9	
定　　价	48.00 元	

孩子们时常会有一种困惑：为什么耗费了相当多的精力，每天晚上都学到十一二点，可成绩就是不理想呢？有时孩子们看似学到了很多的东西，可就是记不住也不会用。其实，孩子从"高付出"的学习中，有时得到的却是"低效能"。

有些学生努力地学，在课堂上和课堂外都学得很多，但学到的东西好像又百无一用。正如一位学生所说："学了那么多，一到社会上就用不上了，简直学成了书呆子。"这就像天空飘着的云彩，漂亮而令人神往，可是永远也不能化为我们手中的实物。有些孩子学习的效果就像为自己赢得了中看不中用的"天空之云"。这是因为，我们大多数人在学习中使用传统方法得到的仅仅是由文字和数字拼成的"纸面知识"，仅是一种技术效率，没有经过大脑的深度处理并成功地转化成自己的智慧或技能，缺乏认知效率。也就是说，我们虽然付出了学习的过程，储存了知识，但是仍然不具备输出（应用）这些知识的能力。

还有一个原因是"被动学习"。比如，学生在老师的安排、督促下被动地学习知识。为了应付考试，学生机械式地背诵、做题，与时间赛跑，进行各种强化训练，大量的知识没有时间进行深度处理就被拿出去在考场上验证。高强度的被动学习在短期提高了人们的知识储备量，反映在考试成绩上是很棒的，但在知识的实际应用上依然处于初级阶段。所以，刚走出校园的年轻人尽管知识渊博，在实践上却不得其门，需要花很长的时间，付出很大的代价，才能将学到的东西转化为工作的能力。

《写给孩子的费曼学习法》正是著名物理学家费曼一生的学习总结。费曼的一生有着足以铭刻史册的学术成就，他也因自己独特的教学方式广为人知，深受推崇。在大学教授物理学时，他总是能够深入浅出地将复杂的专业理论讲得通俗易懂，无论多么抽象、晦涩的概念，都能用非常生活化的例子表达出来，风趣幽默，一点也不枯燥。学生非常喜欢上他的课。后来，越来越多的人便采用他的这种方法学习，最终形成了众所周知的"费曼学习法"，也就是人们通常所说的"费曼技巧"。

在书中您会看到，费曼学习法亦是对"学习本质"的回归，也是对我们思维和分析方式的一次彻底改造。我们知道，人们大部分的学习都是为了理解一个新的事物，或者吃透一个新的发明。但新的事物并非无中生有，凭空地出现，而是建立在大量的旧事物的基础上的。就像一则物理学原理：物质不会凭空出现，也不会凭空消失。知识也是如此。我们的大脑将旧的信息或知识串联、拼接起来，组成新的概念、理论和信息，再传递到负责记忆和行动的部门，转化为具体的成果或知识。

费曼认为，输出不仅是学习的最佳方式，同时也是学习的终极目的——当我们要学习一种新知识时，用最直白的语言去阐述它，大脑就会从记忆库中提取那些熟悉的信息，在旧的知识和新的概念中产生强大的关联，新的知识便容易得到大脑彻底的理解。最重要的一步是，你要反复地进行这一过程，使大脑多进行创造性的联想，我们对新知识的吸收和应用能力才会变得更强。

目　录

第一章

费曼技巧之目标原则

　　费曼学习法就是当你希望掌握一门知识和技能时，怎样正确地树立目标？当锁定目标以后，你又如何发现学习它的必要性和它为我们带来的重要意义？

改变方法，由被动输入变主动学习

在今天，主动学习比以往任何时候都更加重要，正如费曼所说，我们需要理解学习的意义，并且在这种意义中加强对于学习对象的认知，构建一种内在联系。他说："要对学习做简单化的理解，就像做一个好玩的互动游戏一样，别想得太复杂，因为知识本身就没那么复杂。"

现实中，人们大部分场景下的学习都处于一种"无意识"的状态。它表现为两种典型的特征：

第一，老师/父母让我学什么，我就学什么（服从式学习）；

第二，就业/培训需要学什么，我就学什么（工具式学习）。

在无意识的学习状态中，你会感觉到自己不停地学习新知识。你从不浪费时间，也极少敷衍应付，但对知识却浅尝辄止，难以深入，甚至记不住大体的概念。你只收获了对知识粗浅的印象，或者仅局限于功利性应用的部分。在这种状态中，你一直在输入知识，但很难深度地理解知识。

不久前我问一位学生："最近你终于有时间读自己想读的书了，开心吗？"

没想到他回答："一点也不！"

"为什么？"

他说："在学校时有老师和同学，每天讨论、写清单、列目标，感觉我有很多想学的东西。但一个人有大把的时光，能够自由选择时，我反而不知道该读什么了。"

以输入为主的被动学习经常会面临这种窘境。你习惯了有人替你制定目标，引导和监督你执行一份并不愉快的学习计划。你反感这样的环境，希望以自己喜欢的方式学习。可这种力量突然失去后，你发现早已经对这种低效的学习方式产生了依赖。

当我们开始尝试运用费曼技巧改变过去的学习思维时，从费曼技巧第一步起，我们就能收获与众不同的体验。学习不再是被动服从和由功利驱动的"输入"，而是我们自觉甚至是开心地实施有意识的主动学习，也就是以"输出"为载体的"有选择的输入"。它的前提是我们为自己重新确立了学习的意义。

明确目标，知道为什么而学习

有的学生认为他可能一辈子也用不上几个高深的数学知识，学习数学有什么用呢，岂不是浪费光阴？拿这些时间干点别的不好吗？比如了解其最喜欢的天文物理，因为他的志向是加入国家天文台的"巡天计划"。

其实这些学生并没有理解数学。

在他的学习系统中，学习的逻辑是"为了学习而学习"，讲得再明白一点，是"为了就业而学习"，像他渴望参加的"巡天计划"，那是他就业的目标。

然而，他感到困惑的其实是两个截然相反的问题。"数学有什么用"和"学数学有什么用"是不一样的，他困在后面的逻辑圈里，就像大部分年轻人目前的心态。他们的学习态度无比端正，志向远大，却从根本上认为学习只是一个达到目的的手段，而不是将学习本身当作一件非常有趣的事情。对于为什么要学习，他们的理解仅此而已。

孤陋寡闻是很危险的。有的年轻人才学了一点皮毛，却自以为知道了一切。但不久他就会抛弃这种一知半解的诡论，重新认识到世界其实复杂得多。

——费曼

下面我们来看一看学习某个知识的"有用"是何所指？"有用"在你看来到底是什么意思呢？是指对学习数学的某个人吗？如果是，那具体的作用是什么？是指数学可以让你更有前途，还是解决各类与数学有关的疑难问题，或者是可以让你更聪明并因此获得快乐？

继续延伸下去，还有其他数不胜数的作用。学习数学是指对别的学科有帮助吗？如果是，具体是哪些学科？是对社会有价值吗？如果是，能否总结出这些价值？比如，学习数学能够促进社会的发展、优化社会资源的配置、改变社会的观念，等等。

认真回答这些问题，到一定阶段必然会出现一个终极答案：学好一门知识的前提是必须充分地理解这门知识，包括它尚待开发的价值。显然，在我和学生简短的对话中，我们没有时间讨论这么多。但在阅读本书时，读者可以沿着这条思维脉络对自己要学习的目标进行"问答测试"。这么做的好处是显而易见的，它能帮助你迅速发现一个清晰的学习目标，这对理解后面的内容大有裨益。

追求四个方面的进步

目标明确的学习可以极大地改变一个人的思维，对于训练和改进我们的思维方式而言，这是一个必不可少的基础。它主要体现在四个方面：

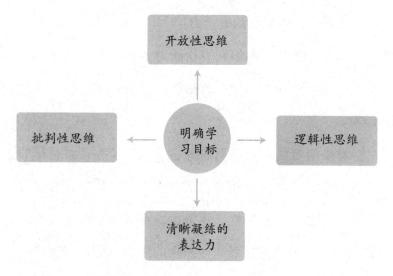

第一，开放性思维。

充分地了解一门知识，首先提升的是思维的开放性，能够接受新的观点，拓展新的视野，使自己跟上时代的发展。

第二，批判性思维。

作为主动和独立的学习技巧，运用费曼学习法可以很快了解我们所学知识的程度，并且以科学的怀疑精神寻找反证，养成批判性思考的好习惯。

第三，逻辑性思维。

目标专注的学习能锻炼你思维的逻辑性，这需要你长久地聚焦和专注于一个主要的问题并且反复思考。

第四，清晰凝练的表达力。

考验你的语言组织和表达能力，在输出的过程中可以对所学知识进行多次的提炼浓缩，简化成通俗易懂的版本。

费曼学习法对于我们理解学习的意义和考察目标的专注程度，是一个真正有效而且节省成本的好方法，在思维的开放性、批判性、逻辑性以及更为清晰地表达观点这些方面，都能起到非常积极的作用。就这四项能力的提升而言，费曼学习法短时间内带给我们的进步也是巨大的。

聚焦目标，将精力放在一点上

"目标"这个词它不是一个符号，也不是一个摆在那里的台阶，只要走过去、爬上去就好了。目标其实是一个动态变化的信标，它是随着人的思想、年龄的变化而变化的。今天的目标，到了明天未必还是你的目标。今天你的目标是把这本书读完，明天还是吗？也许就变成了另一本书。

所以目标是动态的，你不要妄想长期对同一个目标保持专注。这不现实，尽管总有少数人能凭借坚韧的意志力做到这一点。但大部分人是"普通人"，每天的原始资本都是 24 小时，一种兴趣往往持续不了一两年，最务实的做法是——在这一两年的黄金时间内聚焦在一个正确的目标上，尽可能取得不凡的成果。

理查德·费曼也不鼓励以天才为榜样，因为学习不能倡导以过度地消磨意志力为荣，学习应该是轻松的，轻松到通过几个易于理解的步骤便能收获非常大的成效。事实上，许多精英人士就是这么做的，他们不是天才，却是学习的高手，在有限的时间内学到了比其他人更多的知识并应用到了实际的生活和工作中，得到了远远高过大多数人的收益。

这个答案就是：他们善于抓住学习的黄金时间，将全部的精力聚焦于选定的目标之上，心无旁骛地把这门知识、技能学通、学精和化为己用。

这意味着当学习一门知识的最佳窗口打开时，你要摆脱和放弃那些"可以做"但并非"必须做"的事情，将有限的时间集中到当下这件"应该做"的事情上，也就是掌握这门知识。事情有轻重缓急，最重要的事情就是我们已经制定的这个明确的目标，其他一切都不重要。明白了这一点，你就能在目标和行动之间建立紧密的联系。接下来，你是否成功便取决于目标是否正确，注意力是否做到了足够集中。

这么做对学习有两个明显的好处：

第一，让你的思维更加清晰。

你可以通过这个目标看到更多的可能性，对自己要学习的东西有更深的理解，并形成具体的思路。

第二，让你的行动更有针对性。

对目标的专注力越强，你的行动就越有针对性，不论学习的是一些概念还是工作的技能，效率都会大大提高。

在学习过程中，很多学生普遍想得很多、计划很多，对学习划分得过于细致，胃口大，却又吃不下；结果是投入大量的时间甚至熬夜到凌晨一两点，既无效果，对健康也不利。学习难道不是如此吗？实际上，任何事成功的关键都不在于你想做好几件事，而在于你能否做好几件事。

★ 如何找到正确的方向？

对于学生而言，老师布置作业，学生一般都会完成得不错，按部就班地执行一个既定的学习计划。但对于老师给予的自主学习其他知识的建议，一些人往往感到茫然。就像你在假期想补习一下历史知识，先秦史、明清史、隋唐史，选项很多，你不知道选什么。一部分原因是这次学习完全由你自己主导，家长和老师绝不干预。让你自主确定一个学习方向，你反而有些束手束脚。

学习需要一个正确的方向，问题是当由你自己选择这个方向时,你怎样判断自己喜欢学习"隋唐史"还是"先秦史"？

第一，对自己提出一些关键问题。

这个世界所有的答案都源于问题，任何一个答案的质量都取决于问题的质量。也就是说我们要学会提问，不仅对别人提问，也要对自己提出高质量的问题，然后做出解答。好比一个对话游戏，一方是"外我"，另一方是"内我"，在对话中让他们达成共识。你的问题问错了，答案再好也无用；假如你对自己提出的问题恰逢其时，正中"内我"的下怀，契合自己真实的需求，答案必将产生积极的化学反应，甚至改变你的一生。

正如我向学生建议的那样，要不断地对自己提出问题，特别是一些"关键问题"。在学习层面，最关键的一个问题就是："对我而言最重要的那件事是什么？"在这个假期，学习哪一段历史对我最重要，最有意义，我最喜欢？有时候我们用直觉就能回答类似的问题，有时候则需要经过严谨的论证和思考。

在设定目标时，可以沿着以下两个方面思考：

一是未来的方向：除了隋唐史，我没有其他方向吗？研究隋唐史，能在其他领域帮助到我吗？

二是当下的焦点：为了研究隋唐史，我要解决的主要问题是什么？我需要设置一个分阶段的目标吗？在历史方面，我有哪些知识的不足？历史记载有真有假，我该怎么收集真实信息？

未来的方向帮助你树立一个宏观的目标，当下的焦点则能指引你制订正确的行动和学习计划。这两个方面中的八个问题，就能让你在纷杂的选项中找到对的那一个。这也是费曼在他的教学过程中提倡的一种思考方式。思考应该是二维的，我们不但要思考自己的终极目标，还要思考为了实现这个目标当下需要做什么、怎么做。因为知识也是二维的，它不是一维的符号，而是一条二维的线，不同的阶段，你要做的事情总有区别。

第二，把"最重要的那件事"变成自己的方向。

当方向确定以后，学习就算正式迈出了第一步。

每天早上你一定要问一问自己："今天，对我最重要的那件事是什么？"今天是了解一个大纲，还是去图书馆查冷僻的资料？今天是整理事件年表，还是串联人物时间？这是学习历史的必经步骤。一旦敲定了这些问题的答案，学习的效率就会大大提高。

今天最重要的事情就是你在学习中的方向，首先你要相信自己可以做好当下的这一步，因为每走好一步，人生就能因此而改变。如果没有这个信心，你也不可能采取行动，甚至你连图书馆在哪儿都不会查证。其次是一些细节的建议，你可以利用身边的工具：手机屏保、日历、笔记本、墙贴等，把每天的目标写在显眼之处。这既是提醒，也是鼓励，用可视化的方式不断地督促自己聚焦于目标，将这件重要的事情做好。

★ 如何找到真正的兴趣？

兴趣和目标其实略有不同。在费曼看来，兴趣是一切高质量学习的驱动力。著名心理学家和教育学家本杰明·布卢姆也表达过类似的观点，他说："学习的最大动力，是对学习材料的兴趣。"

联系兴趣和目标的是一座"人为桥梁"，它并非天然存在，我们要注意将自己原有的知识体系与现在或一贯的爱好连接起来，以便从中找到真正的兴趣。有的人一听到"历史"这个词就备感头痛，在学校对于历史课程向来冷淡置之，仅限于应付考试。他可能是历史考试的高手，"记忆大师"，但让他自主通读一本历史书时，他马上觉得很为难了。假如你看到隋唐史的书籍时也有这种感觉，显然这就不是你的兴趣，学习历史对你可能没有益处，这是应该放弃的目标。

相反，如果你从小就喜欢听历史故事，比如《三国演义》《隋唐演义》，这些历史故事你都耳熟能详，别人不知道的历史人物你都能信手拈来，如数家珍。老师和父母又支持你多学一些历史知识，并为你提供有关的书籍。你具备这个条件，也具有强烈的动机，学历史让你感到愉悦，而且你有向别人讲解历史的冲动和语言天赋。那么，这不但是你的兴趣，还是你的特长。物理、天文、数学、科技等知识也与此类似。学习是有血有肉的过程，它植根于我们的心灵反应。只有真心地喜欢学习一门知识，你才能把费曼学习法后面的步骤进行下去，并完成得很好。

为了定位真正的兴趣，不妨多给自己一些宽松自由的思考空间，深入分析那些自己喜欢的领域，查阅相关的资料，然后进行初步尝试，从中找到自己学习的对象。

论证目标，挖掘你和目标间的"强联系"

在做传统规划时，我们习惯了先把目标放到一边，拘泥于研究计划的细节，或者先忽视具体的可行性，高唱"鸡血之歌"。

这两个"房间"只有一墙之隔，却就是难以打通。有时候你会发现，我们的目标定立得高大上，让人热血沸腾，具体的规划却一塌糊涂，看起来莫名其妙，和目标八竿子打不着。有时候你计划得挺好，走到最后看到结果却发现走偏了，实现的是另一个完全不同的目标。结合自己的生活想一想，是不是有熟悉之感呢？

　　"学习计划就是针对学习对象设立一条行动的路线，规定自己在什么时候采取什么方法。"

——费曼

　　我们制定了一个学习的目标，接下来就要恰当地安排学习的计划：怎么学、分几个阶段、如何有序进行、怎样按时达到目的。这当然很重要，但正像前面提到的，你需要避免在学习的过程中偏离目标，走到最后发出类似"这不是我想要的"之类的感慨。时间不能倒流，知识不是食物，学进肚子里的东西肯定也吐不出来。所以，为了不辜负光阴，提高学习的效率，我总是建议人们在制定规划时先对自己的计划和目标做一次全面的剖解，在费曼学习法的第一步和第二步之间插入一个必要环节：挖掘出你和目标之间的"强联系"。

　　第一，论证学习这门知识或做这件事的必要性。

　　深入论证目标的合理性："我真的需要它吗？""为它投入时间和金钱是否值得？""我是否还要再想一想？"

　　第二，确认规划与目标的实质联系。

　　仔细确认规划的可行性："我的学习计划与目标的匹配度是多少？""对我而言这个计划是否可行？""有

没有更省时高效的方法？"

这个环节的意义在于，保证我们的目标到最后不会是空中楼阁。有太多这样的事发生，我们努力了很多年才发现自己坚持的是一个无法实现的理想；我们执行了很久的计划到终点才发现这是一条注定失败的道路。那种无力感对人是沉重的打击，有些人因此多年一蹶不振。我相信读者在自己的生活、学习和工作中都有过类似的体验。

从行动的一开始，我们便要在规划和目标之间建立一个牢固的联系，打通它们的血脉。通俗地说，就是在你的学习过程中要在计划和终点间产生互动与反馈，随时确保自己的付出是正确的。这样你才能管理、控制自己的学习，从学习中收获"正反馈"。

利用"SMART 原则"，确保目标正确

无论工作、生活还是学习，偏执是一件非常麻烦的事情。有句话说："对人最危险的东西，莫过于真诚的无知和善良的愚蠢。"聪明的学习者善于反问和反省，愚蠢的学习者则喜欢自我感动，将一个错误的目标偏执地坚持到底。而一个错误的目标，会让你之前正确的积累瞬间付诸东流。

★有没有可能，你的目标其实是错误的？

在费曼学习法中，确立目标是取得成功很关键的一环。有了正确的目标，学习、努力便有了清晰的方向，每天的所学、所做也便有了衡量和评估的尺度——也就是可以从每一个小进步中体验到的成就感。但是，如何

才能确保我们的目标是正确而不是错误的呢?

著名的"SMART 原则"提供了一个简单明了的判断标准。即:

S:(Specific) 明确和具体的。——目标必须清晰和可以形容。

M:(Measurable) 可以衡量／量化的。——目标必须量化和能够评估。

A:(Achievable) 自身能力可以达到的。——目标必须在能力范围内。

R:(Rewarding) 能产生满足感／成就感的。——目标必须有积极的意义。

T:(Time-bound) 有时间限制的。——目标必须有实现的期限。

比如,生活中很多人立志学习一门外语,可是付出很多精力结果仍不理想,效果不佳。这时就要反思一下自己的目标是否合理:"我真的适合学习这门外语吗?"制定的目标应该是具体和明确的,而不是含糊不清地想学好它们。"学好"的量化标准是什么?达到多少词汇量?表达和听力怎样才算合格?制订外语学习计划时有没有规范学习的进度、形式、期限？这些都需要落实到细节，每一个环节都具有可行性，才是一个正确的目标，才能在计划和目标间建立"强联系"。

★规划一条高效能学习之路

进行学习规划时，我们要先为三件事预留出足够的时间。

留出锁定最重要目标的时间。

最高效的人总能锁定自己最重要的目标，把主要的精力聚焦到这个目标上。

留出做正确规划的时间。

我们要在兴趣、目标和规划之间找到内在的联系，建立一座坚固的桥梁，才能制订正确的学习计划，不要还没做好准备就匆匆地开始学习。

留出调整目标和规划的时间。

我们要在计划和行动的过程中根据反馈随时修正目标，改进或改变学习的计划，保证自己始终处在一条正确的轨道上。

目标原则的要点

真正理解学习的意义，学习不是为了让大脑记住哪一门知识，而是将这些知识100%地转化为生活和工作中的应用价值；高效能的学习也不是定好目标便勇敢无畏和一往无前地学下去，只要将计划填充所有的时间那么简单，而要合理地安排时间，先树立一个清晰的大目标，再将其分解成三到五个阶段的小目标。这些小目标每一个都能落实，在学习时它们切实可行，能一步一个脚印，逐步达成目标，完成计划。你要始终在自己的能力范围内走好每一步，让自己不再因为盲目的忙碌而压力重重，这样的学习之路才是高效能的。

在我们和既定的学习对象之间，最重要的也不是怎样掌握它大部分的知识点。你背诵了多少英语单词，记住了多少历史事件，都不是最关键的，而是一个更深远的目标。那就是学习不只是为了记住什么，而是我们通过学习建立自己行之有效的思维框架，并将知识运用到实践中，解决生活和工作中的实际问题。

假如有这样一条道路摆在眼前，才是我们应该选择的学习方式。因此，我们必须要有清晰的目标，有一个高效能的学习计划，带着强烈的兴趣去思考，才能不再对学习感到晦涩和艰难，从一条小径慢慢摸索和打磨成平坦的大路，最后在学习中通畅无阻，从知识中获得我们想要和需要的东西。

在 SMART 原则的基础上，费曼对制定学习的目标提出了更高的要求。尤其目标本身，它需要符合五个原则，才是一个值得投入精力为之努力的目标。假使你只是为了学习使用一个陌生小程序的技巧，我相信你不需要阅读本章。但如果想制定一个对未来可能产生重大影响的学习目标，这五个原则是你有必要充分了解并贯彻于学习过程中的。

★目标的全面性原则

制定目标时要有全局和整体观念。比如，学习一门知识是从事某个行业所必需的，不是为了学而学。这就是全局和整体观念。

制定的目标要能匹配你的阅历、经验和过去的知识积累，体现你一段时期内的任务。

★目标的重点性原则

制定的目标要有侧重点。哪怕是读一本书，它也是千头万绪，有很多主题，你不可能面面俱到，总要侧重于学习某一个方面。因此，你必须明确学习的重心，拟定一个重点目标，将有限的精力用于最关键的知识点上。

制定的目标也要有针对性。针对自己的某一项不足，通过学习可以切中要害，解决这方面的问题。比如，学习英语时增强自己的口语表达能力，学习健身时刻意强化自己的腰腹力量等。

★目标的挑战性原则

制定的目标要具有挑战性。具有挑战性的目标才能激发我们的求知欲，激发我们学习的动力。通俗地说，目标要有一定的难度，通过学习对自己是一次巨大的提升。

制定的目标要能挖掘和激发自己的潜能。学习要坚持高标准严要求，倾尽全力才能掌握和理解一门知识，达到我们的目标，将潜能激发出来，而不是简单的背诵或阅读就可以轻松地实现目标。最好能在学习过程中训练自己的创新能力，让自己对知识、对世界的理解再上一个台阶。

制定的目标不能在学习过程中人为调低难度。假如遇到点困难就垂头丧气，主动调低难度，那就失去了学习的意义。不要让你的目标唾手可得，不要对挫折轻易妥协，这不仅使你享受不到学习的成就感，也影响你在其他方面的努力，会让你养成一个浅尝辄止的坏习惯。

★目标的可行性原则

制定的目标要切实可行。目标既要有挑战性，也不能超出我们能力的范围，可行性原则与挑战性原则是辩证统一的。比如，你学的是历史专业，就不可能要求自己两个月内学会天文物理和宇宙常数的计算方法；你是金融领域的从业者，也很难短时间内学通企业管理。

制定的目标必须符合我们的客观实际，即经过一定的努力就能够实现，而不是倾尽全力也只能学一点皮毛。一个具备可行性的目标，可以让我们既充满信心，又不会掉以轻心，才能激发自己的潜能，努力去实现它。

★ 目标的可调性原则

制定的目标要具有一定的可调性。可调性就是随着环境和内外条件的变化，我们能对学习的目标进行必要的调整，适应变化。比如，当你在学习英语时发现未来就业的市场正在变小，可以随时变换自己的战略，不再为了就业学习英语，而是让它成为自己一种重要的技能。

制定的目标要在实施过程中留有余地，即准备好多种学习方案和备用计划。当环境发生变化时，你能拿出适应变化的备用计划，使自己始终处于主动的地位，不至于被环境牵着鼻子走。

第二章

费曼技巧之系统化原则

在费曼学习法中，一个很重要的原则就是系统思考——用系统化的思维去理解知识，归纳、筛选和分析知识，这样才能最终消化知识，为我所用。

将知识有逻辑地系统化

费曼接受采访时曾表示，如果一个人不能有意愿和彻底地、深入地理解自己的学习对象，不知道自己究竟在学习什么，对于知识的印象十分模糊空洞，那么在学习上付出再多的努力也不可能有好的收获。

换言之，学习思维的转换能为我们带来不同的学习效果，首要原则是确立一个目标后愿意并有能力理解它，将知识打散，然后进行聪明而简洁的解构，从中找到自己的方向，建立自己的逻辑。假如你不能将知识系统化，再用一个自己能理解的框架把知识组合起来，就说明你对所学知识理解得还不够透彻，学习的效果恐怕也是值得怀疑的。

毫无疑问，正确的学习思维和方法确实很神奇。费曼学习法首先讲的是"学习的方法论"，其次才是教你学习的具体技能。在学习这条道理上，你可以不自信，甚至什么都不知道，但不能缺少一颗踏踏实实的心。必须从最简单和必要的步骤做起，细微地观察和理解知识，到该收获的时候才能得到回报。

现实中不乏记忆力超强的人，但能够在熟练记忆的同时将知识以一种合理的逻辑系统化的人却少之又少。逻辑就是你理解知识的出发点、角度、立场和思维方式；系统化则是你是否可以将这些知识纳入一个宏观的知识体系，互相印证和科学比对，对既有的知识体系形成补充。

如果出发点是为了应付考试，你的学习是纯功利性的输入。

如果接触一类知识是为了强化某种固有立场，你的学习是有倾向性的输入。

如果是内卷和排他的思维方式，你的学习是偏执性的输入。

以上三个问题会使你在理解一门知识时缺乏合理的

逻辑，就像系统出现了漏洞、混乱和无序；对待知识的不同来源，也不具备足够敏锐的分辨力。

比如学习一门医学知识，单纯以应付考试为目的，你不会在乎知识的新旧——过时的医学理论和临床数据。如果对你的学习没有影响，你就只关心它在考卷上的标准答案，然后机械和精准地记住它；为了强化自己的固有立场，你就会有意忽视那些对你立场不利的信息，有选择地了解、掌握对自己有利的内容；思维方式是排他性的，你就会利用自己有限的知识构建一个逻辑闭环，进行循环论证，忽视其他相反的观点。这不仅使你无法真正理解自己的学习对象，反而学得越多，观点就越偏狭，背离了学习的初衷。

有一个成语叫作坐井观天。坐在井里，你可以很自信地认为头顶的天空就是全部的世界。但到最后，许多看似努力的学习最终产出的却是坐井观天的结果，这是很可惜的，因为这并非是学习者所希望达到的目的。

有逻辑地系统化，意味着我们在理解知识的第一阶段要做对三件事：

第一，明白自己学习是为了什么。

没有目的地学习是可怜的，但目的错误地学习是可悲的。正确的目的是非功利性、非倾向性和非偏执性的，要有一个单纯的愿景——"我就是想掌握这些知识，了解它们，然后产生自己的理解，学习时并不想怎么用这些知识为自己创造利益"。虽然后者非常重要，但我从不建议青少年在学习时对其倾注太多精力。尽管学到的知识总要为己所用，但太功利的态度和过于明显的偏执很可能让学习事倍功半。

第二，拥有一个足够宽阔的视野。

一个很有趣的事实是，随着年龄的增长，我们的学习视野往往在变小。具体体现在，成人在学习上"问问题"的能力有时远不如小孩。看到一本书，小孩会问："作者为什么写这本书？作者想告诉我们什么？这本书为什么定价 100 元？封面有何特殊意义？他是怎么总结出这些知识的？"而大人呢？可能仅有寥寥几句："这本书我读了有什么用？还有比它便宜一点的书吗？"听起来老气横秋，没有活力。这体现了一个人视野的局限性，它受阅历、生活工作的实际需要和世界观的多重影响。所以人要尽量保持童真，因为童真的心态能扩大你的视野，让你愿意并且能够在这个世界中看到更多的"可能性"。

第三，建立最可能客观科学的逻辑。

一个客观科学的逻辑能帮助我们成功地将知识系统化，并且保证这种系统化是有益的，可以把知识有序地安放到位，赋予它们应有的价值。

那么如何简单明了地理解"系统化"呢？这就好比你要建造一栋房子，要干的第一件事并不是挖地基、运材料，而是要画一张图纸。系统化就是为我们准备一张学习的图纸，把材料安放到它该去的地方，让不同来源的知识各归其位，利于我们对比和筛选。如果没有这个可靠的系统，缺乏客观科学的逻辑，你对知识和信息就不具备强大的分辨能力，在学习时便容易良莠不分，或者贪多嚼不烂而消化不良。

筛选并提取最可靠的知识

我们知道，现在越来越多的人患有强烈的"知识焦虑"，随着人工智能的快速发展，现代社会实质上进入了一种"信息之海"，你看到、听到和感知到的所有信息都不来自人，而是互联网技术。学习不再是"人"自己的事情，是人和机器的竞赛。人们开始担心未来会不会被人工智能全面替代。怎么在这场竞赛中保住自己的优势？如何从信息之海中筛选出对自己有用的信息？这让人备感无力。

但是，学习最重要的并不是找到那些价值千金的知识，而是通过对知识的筛选与吸收建立起自己的思维框架。

筛选和提取知识——比如一本 20 万字的书，它提供的信息和知识点是海量的，你不可能用同一个标准吸收它全部的内容，只能有针对性地筛选和提取书中的某一些知识点，或者制定一个框架，根据目录、需求等标识性的东西到书中寻找相应的知识点，把它们拿出来，再延伸到自己对于这些知识点的理解，产生一个关于此书的"缩略版"。

筛选知识的方法论——也是搜集信息的方法论，首先你要清晰地知道自己的短板是什么，要重点学习哪方面的内容，这叫锁定方向；其次你要快速准确地把相关内容找出来。我推荐读者在学习之前先列一张清单，写上具体的需求——这本书有哪些知识是我最需要的？我急需弥补的知识点是什么？然后照方抓药，把对应的内容标注出来。在这个阶段，你对这些知识不需要深入了解，只需将它们筛选出来即可。

搜集和保留可靠的知识——请注意，即便一本公认非常权威的书，它的内容也并不是全都可靠的，至少对我们个人的需求而言，书中的有些证据和观点未必就符合我们的实际情况。所以在筛选时一个基本的逻辑是：

我要找出那些与我的实际需求相匹配的知识。在任何资料和信息的整理中，这都是要坚持的原则。如果你学到的是不可靠的知识，付出越多，成效便越差。像"书呆子""饱读诗书的废人"等就是在形容那些学习了很多毫无用处的知识的人。

有时候，我突然想放下工作，了解和背诵一首好的诗歌，缓解工作的压力；我也想找一本最新的词典，从中学到几个新的、有意思的词语，为下周的工作做好准备。这些念头是一瞬间的，是短暂的学习冲动，但它意义深远。因为这些学习占据了你大部分的碎片时间，影响你的整体学习效率。

如果我能将这些学习的小计划实现好，在碎片时间里做好基本的信息收集和对比分类工作，就能为我后面的工作解决很多重大的问题。比如，找一些好的诗歌，能让我有好的心情，恢复精力；新的词语能激发我在工作上的创造力，提高未来在学习和工作中的水平。这是学习系统中一个至关重要的环节。

总结——筛选知识的标准和流程：

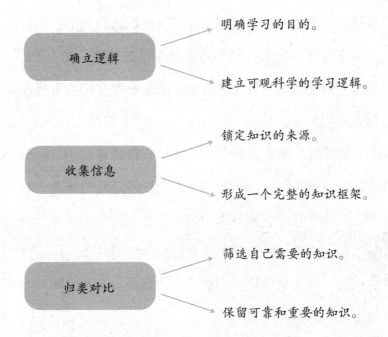

确立逻辑 —— 明确学习的目的。
建立可观科学的学习逻辑。

收集信息 —— 锁定知识的来源。
形成一个完整的知识框架。

归类对比 —— 筛选自己需要的知识。
保留可靠和重要的知识。

　　在这个思维导图中，除了建立学习逻辑和形成知识框架外（学习的目的性和系统性），对知识的来源进行归类比对也非常重要，甚至影响我们学习的最终效果。假如你不能分辨出哪些知识是可靠的、哪些知识经不起验证，很可能到最后会使你前功尽弃。

不要让"假知识"蒙蔽了双眼

你知道吗？我们在自己的一生中学到的很多知识都是"假知识"，其中很多"假知识"还被人深信不疑。

凡是与现实不相匹配又经不起事实验证的知识，我们都可以称之为"假知识"。我们学习知识的目的是了解智慧，不是蒙蔽双眼。

——费曼

"假知识"是如何欺骗大脑从而被我们接受的呢？根源是大脑学习知识的原理。把知识看作其他物品可以很好地理解这个过程，外界的环境和一样东西要被大脑熟悉与接受，就必须经过我们大脑内意志的转换——我喜欢和需要这个东西。唤醒大脑的意志是学习和理解一样东西的必经途径。

比如，"床"对人很重要，是睡觉的地方，大脑喜欢它。"衣服""汽车""房子"等同样如此。从本质上看，大脑接受它们是某种意志在起作用。人的所有行为都是靠这些意志的共识运转。没有意志，大脑对任何事都不会感兴趣。我们形容一个人"心如死水"，就是说他从意志层面把自己与外界隔离了。这时候，不管世界发生什么事情，他的内心都波澜不惊，自然也谈不上学习的动力。

相对而言，知识是不变的，变化的是你的意志。大部分的"假知识"都具有刺激意志的特点，为了让人乐于接受，它们被贴上了"强意志"的标签。刚一接触，如同打了一针兴奋剂，瞬间便让你激情澎湃，好像终于发现了世间的真理。可这种短暂的快感只是由于强意志的带动冲击了你的思维，却改变不了你的行为。但它对你灌输了一种错误的认知，这种认知很难消除。

这就像许多创业失败的人愿意花钱去听一些"专家"和"成功人士"的讲座，觉得自己学到了很多的创业知识，可接着创业仍然失败。这些知识被传播到各个角落，你随便上网搜索就能找到几百页，但你学习它们依旧做不好生意、管理不好公司。这些知识从理论上看也许是对的，可对于实践而言是不折不扣的"假知识"。那么在学习中，我们怎么才能躲开这种"假知识"呢？

第一，屏蔽来源不确定的知识。

对知识来源的判断尤为重要，它们来自图书馆、教科书，还是公众号、论坛或道听途说？对于来源不确定的知识，要坚决屏蔽；对于来源不够专业和权威的知识，则要以审视的眼光对待它们；对于专业和权威的来源，我们也要学会独立地思考和谨慎地采纳。

第二，小心对待差异化的知识。

知识的"差异化"是指非重复、有分歧甚至互相冲突的内容，比如，西汉元年是哪一年？有的历史学家认为，西汉元年是公元前202年，刘邦战败项羽，定都长安，建立汉朝。中小学课本就是采用的这种观点。而有的史学家认为，西汉元年是公元前206年。因为当初刘邦最先进入汉中，秦王子婴被迫投降，标志着秦王朝的灭亡。为了和秦朝灭亡衔接上，应该从刘邦称王开始作为西汉元年。《现代汉语词典》（第七版）就是采用的这种观点。两种看法有分歧，但又同是这方面的专家，都提供了严谨的论证。哪种观点是我们该采信的呢？对此要有务实的态度，结合自己的理解学习他们的观点。

第三，用对比的方式挑选和分辨知识。

对比知识的来源，目的是删除重复和不可靠的信息，增加获取新知识的可信渠道，保证自己所获得知识的质量。通过归类对比，我们能把那些真正值得学习的知识找出来，将它们放入自己的学习系统。这就像做饭，你从超市买了菜回来，第一步是做什么？是摘菜和洗菜，摘掉那些坏叶子，洗掉泥土。这个过程在任何形式的学习中都必不可少。

那么，如何才能把知识转化成自己的能力呢？去参加各种讲座、听课、读书，到知识共享网站"狼吞虎咽"加大阅读量。这种方法显然不行！你要先确定两到三个可靠的知识来源——老师、专业网站或图书馆，再把从这些来源得到的知识相互印证对比，找出对你重要的、不同领域的知识，再进行深度学习。

在学习中，请你忘掉过去累积的所有技能。因为过去的经验在学习时会起到"强意志"的作用，影响大脑的判断和选择。经验对学习来说并非指路明灯，它回归到本质只是一种具有惯性的行为模式而已。如果你愿意相信经验，经验就代表知识；如果你不认可它，它就是学习的阻力。

你是否想过自己过去学到的知识都是怎么来的？没错，我们所有的知识都来源于"别人的想法"。既然是从别人那里听来、学来的东西，你就必须拥有一种警惕和审视的态度——把"假知识"辨别出来，然后踢出你的学习系统，不要在上面浪费一丁点的精力。否则，你可能就会无意识地成为"假知识"继续传播的"帮凶"。

制定一张思维和流程导图

将知识系统化的一个重要步骤，是要通过读书笔记以及思维导图等形式对学到的和即将学习的内容进行加深与巩固。我们要做的不仅是画一张思维导图，还是一个清晰的流程说明，整个过程是可视化的。

想一想，你在学习时有没有遇到过下述问题？

为什么我花了很多时间，仍然掌握不了这门知识？

为什么我查了那么多资料，依旧理解不了这个概念？

怎样才能帮助我更高效地学习知识？

不管是在家里自己阅读，还是在学校学习，总有一些学生遇到过类似的困惑。作为学生，要掌握的知识太多，这时候，就需要采取思维导图的形式加快理解，帮助自己将知识以一种简洁的结构系统化，从而提高学习的效率。

★让知识"可视化"

思维导图的最大作用是可以让我们对知识进行横向的拓展，把不同的点以列表、图像、分支的形式展现在一张纸上，让知识的主要节点一目了然。通过视觉表征的方式，刺激大脑的图像化思考，如同在城市中拥有了一种"直升机视野"，看到知识的关键部分。

当知识可视化时，我们能以较低的成本高效学习。因为学习在本质上是大脑对信息进行加工的过程，想提高效率，第一时间了解到最重要的内容，抓住知识的重点，提高大脑对知识的感知速度和效能就显得尤为重要。

我们对外界环境的感知主要是通过不同的感官实现的，眼睛是获取知识最主要的一条通道。为知识画一张思维导图的最主要目的，就是扩大眼睛的作用，让知识变得立体化，使它的整体结构通过眼睛传输到大脑，可以节省很多不必要的精力。

人的感官通道有五种，分别是视觉、听觉、味觉、嗅觉和触觉。毫无疑问，视觉是最高效的感官通道，它承担了大脑 80% 的信息输入任务。

——费曼

那么，为何人们在学习和工作中还会本能地排斥思维导图的形式呢？有人觉得画一张图太过麻烦，要准备纸、笔，还要启动大脑进行深入思考，分析知识的结构，标注知识的要点。这让他觉得有难度。问题是，学习从来都不是一件轻松的事情。你不可能像喝咖啡一样随随便便就能读懂一本书，或者不费吹灰之力就能记住一门语言，并在与外国人的交流中自如地使用它。如果你不想认真对待，这一目标是不可能实现的。

思维导图的第一个作用，是把我们的注意力指向实质与最关键的信息，加深我们对于知识的印象。这不仅有利于把握本质，也有助于记忆。比如，你可以先对自己要读的一本书画一张概念图，把主题、用途等要素图形化，突出这本书的理论和观点；再画一张结构图，揭示目录、大章以及概念之间的关系，把书的不同板块分类，形成一个简明的层次结构，有利于针对性阅读；还可以画一张因果图，列出书中观点的前因后果、论据与推理逻辑之间的关系，这能为你提供一个独立思考的窗口。你可以站在自己的角度思考书中的观点是否经得起推敲，是否还需要寻找更多的论据来支撑他的观点。这就让我们的学习拥有了一种富有广度和深度的宏观视野。

知识场景的可视化

通过特定的图像化的方式，我们对知识产生了强烈的"画面感"，很容易感同身受，迅速融入这个知识的场景中，在与场景的互动中，记住那些关键要素。很典型的一个例子是英语角，人们凑到一起，全程用英语沟通，创造了一种浓厚的集体氛围。这种方式无论是对记住单个的单词还是练就流利的口语，都能发挥积极的作用。有位同学在学习古诗词时，特意配上了一些诗情画意的视频和图片，这也是将知识场景可视化的好方法。

知识关系的可视化

如果我们不理解不同知识之间的关系，就无法理解知识本身。把知识关系可视化，能助你揭示不同信息、知识点之间的关联性——它们的不同来源，互相的因果和比证关系——在碎片化的知识中建立联系，形成完整的系统，最终站在整体的角度理解和掌握知识。概念导图、要点图示和要素展示图等，都是有效展示知识关系的可视化方式。

学习过程的可视化

这是费曼格外推崇的方法，他建议人们采用动图、视频等方法了解知识的原理，尤其在物理学的教授中，他鼓励学生观察一项物理原理实现的视频过程。比如火箭发动机燃烧推力的产生、弹子锁的工作原理。如果只是用语言描述和阅读文字，你听到和看到的是枯燥无味的文字组合，夹杂着一堆晦涩难懂的学术用语，你要反复背诵和琢磨才能理解。但如果看视频呢？你可以看到整个过程，几秒钟的时间便恍然大悟，懂得了相关的知识。

★画出一个"学习流程"

为了吃透一本书，就要先给自己准备一个简易流程。做法是拿出一张纸，画一个简单清晰的步骤图。第一步做什么（目的和方法），第二步做什么（目的和方法），以此类推，一般不超过五步。每完成一步，在后面打一个"√"。

这表明了思维导图在学习中的第二个作用，它提供的价值远不止于宏观角度对知识的理解，还深度参与了我们在学习时的"认知加工"过程，可以帮助你在理解知识时更轻松与可控。轻松在于节省思考的精力，纸上展示了知识的框架和主要知识点；可控在于能把握学习的时间，知道当下自己处于哪个环节，何时能达到目的。

除此之外，制定思维和流程导图还有一个重要的原因，那就是文字语言的表达天然具有碎片化的特征。如果你按部就班地阅读文字知识，就需要劳烦大脑把碎片化的知识拼接起来。这很不容易，你会激怒大脑，它讨厌这种学习。为什么一本书读了三分之一，你就扔到一边不再感兴趣了？不是你不想学习书里的知识，是大脑在说"不"。这是由文字语言表达与视觉语言表达之间的差异决定的。视觉语言往往具有整体性的特点，它在一个完整的逻辑之上被组合起来，大脑不需额外做些什么，就能理解和存储这些知识。

例如，有一个知识——它可能需要 20 句话 300 字左右才能表述清楚，对大脑而言，每一句都是一个碎片信息，无法映射整体。我们的大脑要将 20 句碎片信息整合到一块才能真正从整体上理解它。但是视频或图片呢？几秒钟或者一幅图就可以了，通过眼睛的处理，所有的信息在上面一览无余，而且是已经被解构并重新组织好的精彩内容，大脑一边接收视觉信号，一边已经从整体的角度理解这些知识了。

所以，文字语言"碎片化"的特点决定了它不利于高效能地学习，起码在理解的环节为我们设置了足以让人望而生畏的障碍。与之相比，视觉化的表达则具备强烈的"整体性"特征，尤其善于表达知识之间的关系，使大脑能够更好地把复杂的信息迅速加工和记忆。你的理解和记忆速度有多快，学习知识的效果就有多好。

总体而言，费曼在自己的教学工作中推荐的"思维和流程导图"有助于我们解决以下五个问题：

快速地获取自己需要的信息——不论是一本书、一门学科还是一种技能，速度可以得到保证。

掌握理解和分析知识的方法——和文字语言比起来，思维导图的形式为大脑创造了一条视觉化的路径。除了读书外，我们要借鉴图片、视频等工具输入内容。

建立自己思考问题的框架——思维导图从整体和宏

观的角度重新组织了知识，为我们提供了一个系统化思考问题的架构。

形成高质量的学习笔记——组织和绘制思维导图的同时，我们也会完成高质量的学习笔记。

为知识的输出做好准备——思维导图是以教代学的一个必要工具，如果你不能为所学的知识画出一个整体框架，就无法向别人输出知识。

★在学习中建立思维框架

我们要善于通过学习来"懂得学习"，要掌握这种能力，就必须在学习中建立自己的思维框架。

——费曼

在学习中成功地建立起自己的思维框架，对知识进行系统性地理解和吸收，也是高效阅读与记忆的一个基本原则。在这个大的原则下，包括了两个小的原则：

第一，快速地获取有益信息。

费曼认为大量的阅读在初期是必需的，充足的阅读量能让我们在大脑中建设一个"信息池"，里面装着各式各样的信息，不排除很多是无益的甚至是有害的信息，但只有这样你才能更为清醒地认识到哪些是有益信息，从而逐渐产生一个筛选信息的有效标准。在之后的阅读中，随着阅读量的增加，你筛选信息的能力便越来越强，速度也越来越快。

第二，学习发现问题和分析问题的方法。

建立自己的思维框架，便拥有了一个发现问题和分析问题的成熟工具。在学习的过程中，你从知识中发现问题、分析问题，将问题提取出来做系统性地理解，找出解决的办法。因为有独立的思维框架，你能把问题延伸到自己的身上，结合自身的实际情况，按照自己的思路对信息抽丝剥茧，最后形成一套自己的解决问题的办法。这时候，学到的知识才变成了你的智慧，再经过一定的实践，成为真正适合于你的方法论。

在阅读和记忆中，我们一边学习自己需要的知识，一边建立属于自己的思维框架，不但能加深对知识的理解，也会开始扩充自己的思维视野，同时在学习中积累对自己富有价值的知识点和技能点。

从长远来看，阅读和记忆并不是一场数量的比赛。我们所学知识的数量向来都是一个伪命题。不是说你读过的书越多、记住的知识越多，你的（学习）能力就越强；

而是说，当你从较少的知识中也能获取到比他人更多的有益信息时，你对知识的理解和运用能力才一定是更加优秀的。

第一次复述

费曼学习法格外重视"输出"的作用——简单地讲，输出就是把你所学到并理解到的知识讲给别人听，并让听者能够理解。第一次复述要做什么，是先讲给自己听一听。你要尝试着将学到的东西为自己讲解一遍，看能否像计划的那样理解，或者至少透彻地解读一大部分。

假如你刚看完一本书，希望把这本书推荐给别人。你个人觉得书的内容无比精彩，每读一章都击节叫好，有醍醐灌顶之感。但你会怎么向同学描述这本书呢？你真的已掌握书的精华？这就是整理学习笔记和复述的重要性。你可以先练习一遍，把自己当成是你的朋友，对着一面镜子，假设这是一个非常严肃的场合，对方想听一听你的看法，把书中精华的内容讲给他，确保他能完全听懂。

这时你不妨放下手中的书，创造一个类似的场景，然后问自己："本书的前面几章我已经读过了，现在我能复述一遍这些内容的核心思想和主要观点吗？我有漏过重要的知识吗？"如果你能每隔一段时间重复一次这个过程，你在本书的学习过程中获得的收益将远远大于那些从不复述的人。

同理，你学到的任何知识以及接触的任何课程、视频乃至图片信息，你都可以用这种方式复述出来。这是对知识加深理解的最简单和最有效的方法，也是必不可少的步骤。

对自己复述一遍可以帮助你：

★建立长时记忆

一旦展开复述，我们就不得不回忆刚刚学到的内容，就像放电影一样。那些短时记忆从大脑中纷纷被调取出来，经过梳理、强化和初步形成知识系统，其中重要的部分便转化为了长时记忆。这个原理很简单，我们都知道——默读过的知识如果再朗读一遍，记得便尤为清楚。

★加深对知识的理解

在复述知识时，相当于你沿着自己的学习思路和知识的逻辑又走了一遍，对知识的要点、立论和逻辑体系的认知更加明确，理解也更加深入，还可以发现很多学习时被忽视的细节。我在读书时常常温习两到三遍才能悟到原先没领会到的作者的意图。这么做总能加深你对知识的印象。

★更加主动地学习

当你将复述作为一项任务加入学习计划中时，学习的过程中你就能有意识和主动地对知识的重要部分加深理解，对论点、论证过程和逻辑基础也就更为敏感。这样一来，被动学习便过渡到了主动学习，提高了学习的效能。如果你没有一个复述的想法，学习时大脑逮着机会就会偷懒，它抱着完成任务的心态敷衍你，学习的效果往往不如预期。

★对知识展开联想

复述不只是对知识背诵、整理一遍或只介绍大概，而是会让你发现过去不曾有过的想法，或者突然冒出新的思路。你自己的观点和所学的知识在复述的过程中彼此碰撞交融，产生灵感的火花。这会带来意外的收获，为你拓展学习的视野。

★得到关于问题的反馈

需要一提的是，有很多公认的"好知识"盛名之下其实难副，权威的观点和论证也并非不存在问题，复述能帮助你尽可能发现那些与实际应用不相符的内容。在复述时你可以对知识中的某一个论点、论据或论证逻辑提出自己的疑问，再从温习中找到反馈。这能使你养成很好的学习习惯。

第一次复述时，应该如何实施从开始到结束的整个过程？我们可以分成三个阶段。

第一个阶段：凭印象复述。

开始复述时，可以描绘一下那些你自己记得最清楚的内容，把印象深刻的部分讲述出来，比如特别的观点、有趣的案例和别出心裁的论证等。不用顾虑说得是否准确，要自由、大胆和随心所欲地讲出自己的印象。根据这些讲述出来的印象，回头可以去整理这些知识点，进行二次学习和比对。我有一个习惯，了解到一个知识时我先快速把它讲一遍，然后统计哪些讲得对，哪些偏离了原意，回头再根据这个统计重点学习。

第二个阶段：复述中提出问题。

复述中提出问题并不是在几天之后，而是随后进行的，比如喝一杯茶，在 5 分钟、10 分钟之后。这个阶段的复述不仅是重温你刚刚学到的内容，而是有意识地将它们与自己过去已知道的知识相结合，进行对比，怀疑，分析，看能否用自己的逻辑很好地把它们融合到一起。针对这些知识点提出新的问题，写下一系列的"为什么"。你要解决这些"为什么"，才能把知识变成你自己独有的智慧，并且成功地输出给别人。

第三个阶段：复述中加入自己的观点。

最后一个阶段是为了完成我们对于知识的理解和升华。通过对所学内容的复述，我们一边说一边对比检查，把自己的观点加进去，实现新知识与自身已有的知识系统的衔接。比如，我学习了如何维修汽车发动机，便和自己开车时总结的经验结合起来，为一些过去的疑问找到了答案，对汽车便有了更深的见解。当你在新知识的基础上形成了自己的观点时，才能到各个分享平台传播你的见解，输出你的观点，从更大的群体中获得更广泛的反馈，加速自己的进步。

系统化原则的要点

费曼曾经在课堂上说："构建知识系统就像修建一张四通八达的交通网络，每一条路都有它的出发点，也有它的终点，路和路有交汇点，也有信息处理中枢，互不重叠。知识就是这张网络中汽车运输的养料，它们运转有序，去往该去的地方。"

要达到这个目的，我们就需要遵守一些原则：归纳、筛选和分析。这些原则非常重要，也是我们平时学习工作中应该具备的技能。因为系统思考从本质上讲，就是从事物、知识的互动关系入手，而非从事物、知识本身入手，即去思考知识和知识之间的关系，才能在学习中对事物有较为深入的理解。

归纳

确认可靠来源　对知识进行归类

筛选

找到需要的知识　排除"假知识"

归纳

确立一个分析逻辑　形成思维导图

根据心理学家的研究，人类的思维方式共有四种，分别是水平思维、发散思维、收敛思维和系统思维。其中，水平、发散和收敛我们亦可看作是系统思维中的三个工具，就像桌脚或汽车的轮子。在各行各业的学习中，不论是产品思维、互联网思维还是营销思维，不过是上述四种思维方式的具体策略或者变种。

在执行这三项"系统化原则"时，要学会运用水平、发散和收敛这三种工具对知识展开理解。

第一，水平：归类对比。

我们要从多个方面看待同一个事物，即设立不同的甚至完全对立的角度去分析知识。书中告诉你应该向东，你要尝试思考一下向西，在对比中进行验证。你也可以展开逆向推理，想一想："如果×××的观点是错的呢，难道不可能吗？如果×××说这些话是为了商业营销而不是真心为了观众呢？"这就能帮你寻找到一个不同于大多数人的角度，辨别知识里面的水分。这么做能帮助你跳出知识本身的"逻辑陷阱"。

第二，发散：思维导图。

我们要对知识进行四处的发散、联想和分析它们的关系，在知识与知识之间建立联系，特别是让它们与不同的知识发生关系，看看有什么新的东西出现。本章倡导的思维导图是一种很有效的方式，它既能简明扼要地让我们看清一本书、一个项目、一个学术论点的整体框架，也能让我们发现它内在的逻辑基础。在这个环节，即使胡思乱想也是有价值的，你可以任意想象。

第三，收敛：知识结构。

最关键的一步，我们要将学到的零散的知识点和信息聚集起来，如同盖房子。这是一个把知识结构化、系统化的过程，简化你了解到的知识，同时改善或者构建一个属于你自己的知识框架，从而更快速、全面和深入地理解或解决你正在面对的问题，提升自己的水平。

第三章

费曼技巧之输出原则

　　让听者在他的能力和已知知识的范围内可以迅速地理解，是我们输出知识时的一个基础原则。否则你就是在鸡同鸭讲，对方听不懂，你自己也很累。你懂得什么并不重要，让任何人都能听明白，才代表你真正地学透了这个知识。

模拟一个场景，以教代学

"以教代学"是费曼学习法的核心。他说："如果你不能向其他人简单地解释一件事，那么你就还没有真正弄懂它。"这不是空洞的大道理，而是一套科学的学习方法。物理学家费曼把它变成一个学习系统中至关重要的部分，即在学习的过程中向其他人输出你学到的知识。假设有一个外行人站在你面前，你要用对方听得懂的语言把这些知识解释给他听，经过反馈，再检查自己的学习效果。

在学习中，听、看和阅读是被动学习，这也是我们最擅长的技能。我在教学中遇见的 99% 的"好学生"，他们的思维和行为模式惊人的一致，那就是认真地听、拼命地记和反复地高强度练习，依靠勤奋促进知识的增长。但这些方式在内容留存率上处于偏低的水平。只有以讨论、输出为主的学习方法，才能用较少的代价获得较高的内容留存率。见如下数据。

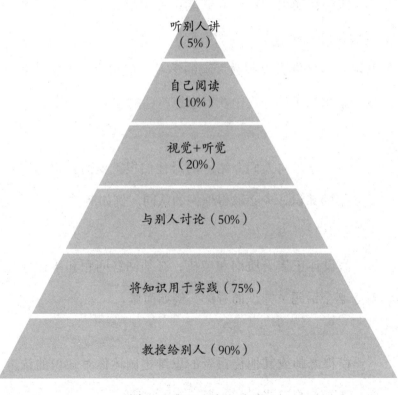

学习方式与内容留存率

在模拟场景时，你不妨在白纸上写下对某个概念的解释，就好像你正在教一位新接触这个概念的学生一样。当你这样做的时候，你会更清楚地意识到关于这个概念你理解了多少，以及是否还存在理解不清的地方。

★ 场景和思维模拟

假如在输出知识时我们能设计相应的场景，并逼真地模拟出不同场景中人们对应的思维方式，使我们如临其境，将强有力地刺激大脑的学习和记忆功能，在特定场景输出知识的过程中获得意想不到的效果。

★ 模拟解说者的场景

假设你正向人们介绍一门对他们很重要而且迫切需要了解的知识，务必取得他们的认同。例如演讲。

★ 模拟受询者的场景

假设你正接受质询和考核，必须回答问题和阐述你对于某个话题／知识的看法。例如面试。

★ 模拟传授者的思维

模拟老师或其他传授者的思维去阐述你对知识的认知，不要把自己当成学习者。例如讲课。

★模拟质疑者的思维

模拟怀疑、否定、质疑者的思考方式，想想他们会提出怎样的疑问，然后逐一解答。例如辩论。

对场景和思维的模拟十分有趣，我们在童年时经常这样互动、玩游戏，或者熟悉某种规则。我们会假设是一家人过日子，构思对话；假设正进行一场战斗，指挥官对士兵发布命令；想象自己是科学家，对小伙伴解释如何才能飞上月球。为什么成年后这些行为却消失了？难道是因为这么做的效果不好，这些举动过于幼稚吗？不是。是我们失去了毫无顾忌地探索未知的勇气并埋葬了内心最富有力量的那种纯真的激情。现在，是时候把它们找出来并且重新赋予动力了。

你讲解的让谁都能听明白

有一名汽车修理工，当他学习汽车的机械原理时，对变速箱的工作原理学了很久仍然不得其门而入，觉得很难搞懂。后来他到网上查找视频，看到一位工程师在视频中介绍变速箱，其中有一句话："我们可以将汽车的变速箱看作是山地自行车的变速齿轮。"这位修理工豁然开朗，按照这个方法，很快便明白了变速箱的工作原理。

视频中的工程师在介绍变速箱的知识时使用的就是费曼学习法。他没有把书上晦涩难懂的专业术语拿出来贩卖，炫耀自己的知识深度，而是将汽车的变速箱类比为自行车的变速器，一下子就把专业语言"翻译"成了人人皆知的大白话，不懂汽车的门外汉也能听懂七八成——只要他懂自行车。想想看，生活中有几个人不懂自行车呢？

将注意力回转到你自己的行业，对于你来说，如果让你用一段最简单和朴实的语言把你从事的工作或者你擅长的领域中的那些核心知识讲给一个从未了解过这一行业的人，你认为自己能够做到吗？

如果你是天体物理学家，怎样用几句话就能让从未学过物理的人明白"引力波"是什么呢？

如果你是一位作家，你能把一首充满生僻字的《诗经》里的短诗向从未上过学的人解释清楚吗？

如果你是飞行员，如何用两三句话就能让一名小学生听懂飞机发动机的工作原理或者飞机是怎么拐弯的？

如果你是软件工程师，你能让完全不懂电脑的人很快了解电脑病毒的攻击模式吗？

以教代学最重要的一个要求就是，你必须做到在解释这个概念时只需把它写成一两句话表达出来，就能让一个完全不了解甚至没听说过这个领域的门外汉听得懂，还要有很深的印象。你要用最通俗的语言去阐述它，用最普通的词语和最短的句子，同时做到精准无误。这就可以让你在传授这个概念之时检查自己是否真的已经学到了全部知识，加深对于知识的理解，顺带发现那些隐藏的问题。

网上曾经有一门十分流行的课程，主讲人向听众分享他在学习方面的经验时，讲到的第一个原则就是——学完一门知识，他就将它制作成课程，挂到互联网销售。

试想一下，将你学到的知识制作成一个人们愿意付费购买的课程需要具备哪些条件呢？这就让学习不再是你一个人的事情，因为人们花钱买你的知识肯定不是随便看看的，是为了从你这里学到有用的东西；现代社会的生活和工作节奏越来越快，人们也不想在读书求知上花费太多的时间，所以你的课程必须简洁易懂，不能让人一边看一边查资料；同时，还要具有你独特的分析，也就是知识的深度，学了以后能够解决实际的问题，这样人们才觉得钱花得值。那么，在输出知识时你就不能简单地复制粘贴，而是既能总结出知识的精华，又能加上自己深刻的理解，还要用大家都能看懂、听懂的语言往外传播。

强化对重点内容的认知

阐述知识的同时，我们也在强化自己对于知识尤其是重点内容的认知。这个价值一点也不难明白，看起来是你在教授别人，其实是在以输出的方式促使自己对于"重点内容"进行二次学习，直到彻底地理解和掌握这些内容。

正如费曼所说："多数时候，我们的学习不过是在朗读一页又一页的PPT，发现自己不会的便直接翻过去。我们没学到，别人也不知道你没学到。"

PPT是一种简化版的信息记录平台，亦可称作概要，上面有的是只言片语。这种蜻蜓点水的学习状态，你也可以想象成是将电影胶片在一个粗放的镜头前面飞快地拉过去，每一帧上的信息是有限的，缺一两帧也不易被人发现。我们在学习时发现自己不明白的地方，有可能直接忽略，其他人也不会知道。这种就易避难的做法，正是我们平时学习时根深蒂固的坏习惯。我们清楚这不对，可很难改正。

但是，当我们需要放弃一个人学习的"默读模式"转而去教授别人，要把一个知识点分解开传递给对方，并且保证让他100%地理解这个知识点时，PPT或胶片模式便不管用了，我们要切换到类似于写作的全神贯注的状态。

写作是什么状态呢？首先，需要作者一字一句地斟酌，每个字都要自圆其说，每句话都要逻辑严密，承前启后。因为读者阅读时不会一扫而过，而是细细地品味，一旦存在情节的漏洞或在逻辑上说不过去，作品就是失败的。其次，写作也需要作者对内容做到深入的理解，尤其是驾驭知识的难点。如果你自己都不理解，那就无法让读者认同和接受。

以写作的模式去对待知识、学习知识、输出知识，我们就不得不反复思考其中重要的知识点，提炼语言，然后才能成功地实施以教代学、以教促学的学习方法。

费曼说："当你要把一个知识教给别人时，等于打开了一系列的开关。"包括思考的开关、逻辑的开关、语言组织能力的开关等。就算你不是一名优秀的知识传授者，上述原则中总有一两条完成得不那么完美，至少也能让自己对知识的理解比过去更为深刻。只要能够取得进步，我们的努力便已经获得了一个及格的分数。

有这样一篇报道，讲的是一位父亲，他大字不识一个，但他的女儿和儿子都考上了顶尖大学。有人对他说："你这人可真厉害，是不是在教育上有绝招？说出来分享一下？"

这位父亲直挠头，老老实实地说："我没文化，哪懂什么绝招。我只是觉得孩子上学不容易，要花很多钱，费很大的精力，一定要对得起这些投入。所以当孩子放学回家后，我就让他们把老师当天讲的课对我讲一遍，就当我是一个学生。如果我有听不懂的地方，就让孩子解释。如果孩子解释不出来，我就让他回到学校后请教老师。这么一来，我的孩子学习的劲头就很好，因为他们要回家教我！他们的学习成绩也一直很好，从小学到高中，从来都是名列前茅。"

他所使用的就是费曼学习法，虽然他自己意识不到，但无形中帮助孩子用以教代学的模式在学习中获得了高于其他同学的效果。这位父亲不仅让孩子成为优秀的学生，还无意间使自己的孩子扮演了优秀老师的角色，锻炼了他们的语言表达能力，培养了他们的思维能力，可谓一举三得。

用"输出"倒逼"输入"

在费曼学习法中，"输入"可以帮助"输出"，"输出"可以倒逼"输入"。输出知识就是在扮演一名老师或传道者的角色，在教别人领悟这个知识时，大脑能自动地启动检查程序，看看学到的知识哪儿有问题，哪儿还不够明白，发现知识的阻塞环节，进一步打通已经学会的内容，让它们与自己的知识体系建立紧密而有益的联系。

我们教授别人的过程同时还具有一种强化记忆，并且加深理解的作用。在传授的场景输出给别人以后，对于重要的知识点，你的印象将更加深刻；对于不容易理解的地方，你的分析也将更加深入。

因为在你教授给别人的时候，对方若经思考，就一定会提出质疑、疑问和新的想法。你们之间的互动就产生了一问一答，就会促进对于知识的有效学习，增强你的认知和理解。退一步讲，即便没有互动，他是一个安静的倾听者，你也能检验自己的记忆是否存在偏差，表达是否足够准确。

★输出的"记忆学原理"

倒逼输入，最直接的好处是提高了特定内容的"留存率"。什么是留存率？打个比方，就像一张滤网，我们把所有的信息从滤网上倒下去，留下来的就是学到的知识，留下来的除以知识的整体，得出的结果就是留存率。比如，十页的书你记住了一页，留存率是10%，记住了九页，留存率就是90%。可见，留存率越高，学习的效果就越好。如果学了东西一点都没记住，说明留存率是零，记忆功能在此处令人惊讶地失效了。显然，这表明你的学习策略出了严重的问题。

在记忆学的研究中，科学家认为记忆是过去的经验在人大脑中的反映，它不仅是神经活动，还是一种复杂的心理活动。虽然神经细胞承担着记忆的主要责任，但人的心理活动却影响着记忆最终的效果。记忆的形成包括识记、保持、再现和回忆四个基本环节，每个环节都不可或缺，也都由神经细胞和心理活动共同完成。

其中，"识记"是我们通过对信息的感知并在大脑中留下印象的过程，是记忆的开始，也是记忆的关键部分。识记的成功率如何，直接决定了后面三个环节的效果。科学家发现，有意识记的成功率高，无意识记的成功率低。我们提高记忆最直接的方法，就是促进"有意识记"，加强大脑对于信息的第一印象，使大脑主动地开启记忆程序。

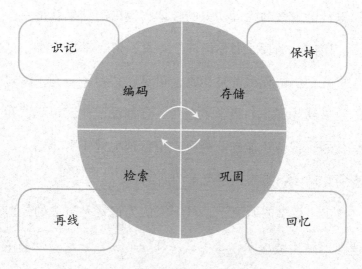

知识的记忆流程

第一，识记——编码。

我们的感官系统对于外界的刺激并非是悉数接收，不存在不加以区别便全部输入大脑的情况。因此识记信息时，大脑有一个编码的步骤，即精准地识别信息、记录信息，把那些应该被记忆的内容挑选出来。

大脑主要靠经验和感知去判断要选择哪一些作为编码的对象。比如阅读一本书，你会重点记忆那些好看、专业和能解决问题的内容，这由你的经验和阅读时的感知来决定。为了提高编码的效率，我们要保证自己拥有一个完整的知识系统，能对信息进行系统性的程序化处理，接触到的知识进入大脑前都会被自动化地归类。

如果你的大脑缺乏知识系统，在对信息识记编码时就会遇到麻烦。这就是有些人学习不仅总记不住知识，而且连该学习哪些知识都是稀里糊涂的原因——他们连自己该学什么都不清楚。

第二，保持——存储。

存储信息就是大脑形成神经回路的过程，也就是使神经元的连接越发紧密并产生定式。这个定式就是神经回路。我们的眼睛、耳朵等感觉系统获得信息以后，先储存在"感觉区"内，时间非常短，此时尚属于短时记忆，也叫第一印象，等待大脑加工处理，然后把信息传入"海马区"。在这里，海马神经的细胞回路网络受到连续的刺激，延长了突触的结合时间，信息停留的时间被延长了，便产生了"第一级记忆"。

举个例子，当你看到一个词发现自己不了解，随后就去干别的了，对这个词的记忆就停留在"感觉区"，它属于第一印象。如果就此打住，不久大脑就会把它遗忘或搁置。你从抖音看到一部电影的片段，觉得很好看，但你没采取进一步的行动，接着看别的视频，于是很快就想不起来这部电影的名字了。如果你没有去干别的，而是打开百度搜索，找到了这个词、这部电影的词条，简单地看了几眼，了解了大致内容，此时就是"第一级记忆"。接下来，你认真地浏览内容，寻找自己需要的部分，就会进入"第二级记忆"。神经学专家认为，蛋白质参与了这个阶段的信息保留，意味着信息将被使用，大脑对它真正重视起来。你将记住这部电影的名字，很可能会下载到电脑中安排时间观看。

当你继续详细地了解相关的内容，并且反复阅读和做笔记时，大脑的记忆机制就会推动产生神经回路网络。知识是怎么成为记忆的呢？这是因为新突触的联系比过去更频繁地增多了，联系越多，记忆就越牢固，知识在大脑内就会更长时间地保持和存储下去。

第三，再现——检索。

当我们需要输出知识时，对记忆而言一个重要的变化将会产生。如同平地起惊雷，大脑将开启管理知识的新模式——从单向的输入转变为同步的输出和输入。输出知识时，我们的大脑内要准确再次呈现神经元反映的信息，指导合成信息蛋白并把知识再现出来。在这个过程中，我们还要从大脑中找到信息，检索那些关键的部分。

比如，你用一个月的时间读完了一本财务专业的书，这时有人过来请教："我也报考了财务专业，你读的这本书怎么样，能跟我讲讲吗？"你会发现自己的角色瞬间发生了改变，从一个单纯的学习者变成了要对别人传道授业的师者。你不再是"学生"，而是其他人的"老师"。你过去30天学到的财务知识，此时要把它们一一找出来，还要浓缩成一个可以简单地向人阐述的版本，但又必须包含书中最重要、精彩的内容。

为了完成这个任务，你的大脑不得不进行一次紧急动员，从存储区检索这本书的所有信息，把它们全部找出来；不仅再现，还要二次组合。从记忆学的角度，这会让我们的长时记忆保持得更为牢固，对知识的理解也会更上一层楼。很多人都有这种体验，成功地了解了一个知识，等过段时间再回忆、温习和重述时，会发现自己有了新的感悟。这就是再现和检索在大脑中起到的作用。

第四，回忆——巩固。

我们学到的知识如果不加以复习，结果注定是遗忘。输出就是一次高质量的复习，起到巩固记忆和提炼核心知识的作用。通过有针对性的、反复的输出，长时记忆甚至可以转化为永久记忆，做到终生不忘。我们在生活和工作中不假思索便能运用的知识，大部分都源于长时记忆或者永久记忆。

你用 20 分钟向朋友介绍了自己刚读过的一本书籍，讲了大约 2500 字。这 2500 字包括概要、作者的权威度、重点知识、适合人群、应用方向等内容，涵盖了他的关注点。解决对方所关心问题的同时，你也为自己的学习效果又加了一把安全锁，对这本书的理解更为深刻。过几天重新阅读这本书，你能获得更好、更深入的体验。

因为从记忆学的角度看，在输出相关的知识时，等于我们的大脑不断地重复记忆的四个环节：识记、保持、再现和回忆，一遍又一遍地开垦这个知识，倒逼输入，也加快记忆和理解。

★输出是主动学习

费曼认为，以教代学的输出方式属于主动学习，是拒绝等待着被知识垂幸而去主动地征服，是不想被知识选择而是去为知识建立一个具有自己标准的过滤器。这两种态度截然不同，总是迅速地产生相差悬殊的效果。

我发现，在同一条起跑线上，主动学习的人在 10 年后会超出被动学习的人至少两个社会阶层。

——费曼

这个结论有据可查。很多世界知名的机构针对学习与成功的关系做过不止一次的信息调查，收集了数万名企业家、职业经理人、都市白领和普通打工者的学习经历，了解这些人的学习方式和成就。最后发现，那些顶级企业家和优秀经理人早在成功之前，甚至很小的时候就养成了主动学习的习惯，有很强的表达和输出知识的欲望，从不死记硬背。当年和他们一起读书的校友中，习惯被动学习的人如今大部分籍籍无名，和他们已不在同一个社会阶层。我们都知道"学习改变命运"这句话，实际上正确的说法应该是："高质量的主动学习才能改变你的命运。"

因为在主动输出知识时你会不停地思考："我怎样才能让对方听懂？如果要让对方听懂，我得使他明白最重要的知识点是什么，我得用他能听懂的语言。不过对这个知识点我好像也不太明白，这是为什么？"

这是一种无法推卸的压力，是大脑承接的一项重大任务，它认可并主动地告诉你去查阅资料，温习知识，有针对性地理解学习的内容。向别人讲述的过程中你一定遇到一个问题，那就是讲到一半时忽然发现自己的大脑一片空白，不是说不下去了，就是只能重复某些内容，好像一辆汽车在高速公路上迷航，只得在应急车道上原地转圈。这恰恰是在提醒你——你所学到的知识中有的内容你尚未掌握，必须回头重新理解。

第二次复述

现在很多孩子的学习存在着一个非常突出、难以解决的问题：投入比产出低。课堂上老师卖力又辛苦，学生自己也觉得又累又痛苦。不论是教还是学，双方的效率都很低。在学生眼中，自己早起晚睡付出了极大的努力，却得不到应有的回报，由此还会抱怨："为什么那些看起来没我努力的人成绩比我好？"原因不外乎我们已经讨论过的，如果你只是单纯地学，对自己实施"强灌式"的输入策略，吞下的知识越多，消化的知识就越少。

要想改变这种状况，最好的解决方案就是改变传统的学习方式。在费曼学习法中，格外重视第二次复述——进入一个真实的传授知识的场景，向别人甚至多人阐述你对某个知识的看法。这不仅可以有效地学习，使学习效益发生翻天覆地的变化，还能达到集体讨论的目的，从听者的反馈中获取有益的信息，然后开展创造性的学习。

我们平时常说"兴趣是我们最好的老师"。开展复述时，我们一定要贴近自己的兴趣，围绕自己的爱好：

我最感兴趣的部分是什么？（个人的目标）

我最擅长的讲述方式是什么？（个人的优势）

我最想跟对方交流的知识点是什么？（与外界的联系）

围绕这三个问题的答案去展开复述，在与别人的互动场景中探求知识，激发自己的深度学习兴趣，是第二次复述时我们要重点解决的问题。有时你未必能在学习过程中及早地发现自己最需要和感兴趣的知识是什么，但在向别人的阐述中通过高质量的互动，就能够轻易地找到答案。阐述知识时大脑会以某种方式提示你——那些你理解最深的知识点，可能就是你比较擅长的部分。

★利用分组讨论的机会

在学校，老师经常组织大家分组讨论。你要利用好每次机会，让同学们愿意耐心地听你阐述一本书、一个知识点或者一道数学题。如果听者没有时间或缺乏心情，这种复述的意义就不大。参与讨论的人在听你阐述时，他们提出反馈、质疑等有助于你及时检查自己的学习成果。这比自己检查的效果更好。

第一，"分组讨论"是自主学习的一种高效方式。

学习的"效能"永远是我们追求的很重要的一个目标，这是费曼学习法主张"以教代学"的根本原因，因为这样做能最大限度地加快学习的速度，提升学习的效能。你可以对一个人输出，也可以对一群人输出。所以我在教学工作中经常尝试组织学生进行分组讨论，我做一个引导者，然后鼓励他们在小组中主动发言，表达自己所学的知识，甚至互相争论。我也希望学生能定期自己组织这种讨论，而不是由外界推动。比如，最好成立针对某一学科乃至某一个知识点的学习小组。

让学生在校外、走入社会、参加工作以后的自主学习中，也一定要尽可能地创造分组讨论的氛围，并将此养成良好的终生习惯。这种多人参与、互相帮助的学习方式极大地调动了他们的主动性和积极性。我去企业参观时发现，企业在开会时让员工当众解释自己的创意，向同事推演自己的思路，这也是以教代学的一种方式，能促进员工的进步。

第二，帮助你设计复述提纲并且准备一些问题。

分组讨论和一个人对自己复述不同，容错率很小，需要做好充分的准备。一个人对自己复述知识时，你可以天马行空，想到哪儿就说到哪儿，说错了也没关系。在那种自说自话的场景中，你扮演的角色无所不知。但对众人阐述你对知识的见解时，你就要注意方方面面的问题。你不再是无所不知的，而是接受检验的演说家。你必须有一个完整的知识框架，有严密的叙述逻辑，有清晰的立场和观点，有精练的语言和表达，有准确的定位，有深刻的个人见解。分组讨论的场景要求你提前设计好复述的提纲，还要准备好一系列的能与听者展开互动的问题。

因此，你要带着一个优质的清单做第二次复述。在分组讨论的过程中，大家针对提纲中的概要和一系列的问题，条理分明地讲述给别人，引发人们的讨论，然后各自发言，互相提出问题，再进一步了解所学的知识，更正自己的错误认知。绝大多数的分组讨论都是有益的，最后你能自己进行总结：学会了哪些内容，理解了哪些观点，收获了哪些新的知识。

第三，从听者那里获得中肯的评价和异议。

第二次复述还有一个重要的目的，就是从听者那里收取评价，最好是异议。我在跟朋友讨论一本书、一个费理论或概念时，除了阐述我的看法，最希望听到的就是激烈的、相反的观点，越尖锐越好，越矛盾越好。这能打开一扇全新的窗，引发我做进一步的突破性思考。

我会思考：

他们为什么反对我的看法，是因为我的讲述方式，还是知识本身的观点？

他们的评价基于什么理由，那些理由是否站得住脚？

为了验证他们的观点与我的矛盾，我需要怎样复习相关的知识？

这些思考将我的学习提到了一个很高的水平，进入了更高的境界。从朋友正面的肯定和反面的否定中，我能清楚地看到彼此对于同一个知识点的理解存在哪方面的差异。这就是学习中非常重要的突破口：差异意味着问题，解决问题就是在获得智慧。

每个人不管做什么，做得好不好，内心都渴望得到别人的肯定，不想听到反对和批评的声音。因为肯定带来的是成就感，反对和批评带来的是挫败感。尤其在学习中，别人的肯定能让人们获得成功的喜悦，也会增强继续学习的信心，反之，就会打击学习的动力和自信。但是，如果全是肯定甚至是吹捧，这种掺满水分的"成就感"也会让人自我麻痹，误以为自己已经学透学精，还可能自我感觉良好，误以为自己的智力已经可以无所不能、无所不知了。

什么是中肯的评价？第一，评价的质量高。听完你的复述后，对方经过认真的思考，说出他自己的真实看法，评价里面有干货，有他自己的逻辑，这能激发我们在沟通交流中的二次思考。第二，评价客观。对方在做出反馈时不带倾向性，既不有意地示好，也不故意地找碴，本着实事求是的态度给出他的见解，这能与你形成良性的互动。异议的标准也是如此，对方的反对和批评意见可以提供一种新的视角，帮助你弥补自己在思考方面的不足。没有人能事事面面俱到，天才也不行，小组讨论就是为了利用他人的思考为我们的学习查漏补缺，插上一对有力的翅膀。

★为知识注入你的灵魂

没有灵魂的知识就像路边枯萎的树叶，看似脉络分明，却早已失去生命力。日本学者稻盛和夫说："讲述你的梦想，必须为语言注入灵魂。"第二次的复述要求我们从心出发，在阐述知识的同时也是在建设和展示自己的心灵品质，让听者能从中感受到积极的心灵力量。要理解学习的意义，全身心地投入学习，才能从学习、知识中得到幸福，因为我们的灵魂与知识达到了合二为一。

第一，体现独具特色的语言技巧——使用你自己的语言表述知识，而不是原封不动地背诵。

第二，结合现实阐述你对知识的解释——不仅把知识复述出来，还要让它在现实中落地。

第三，表达出你个人的分析和见解——复述不是当复读机，学习也不是当打印机，要为知识注入你个人的理解，并且通俗易懂地对别人讲出来。

死读书的人不乏记忆的天才，他们过目不忘，学东西很快，但这种学习充其量只是在机械地背诵和死板地存储。只有在记忆的同时还能为知识刻上自己的印记，学习才拥有了灵魂，知识也具备了新的活力。这么做需要有更大的毅力，因为你要对知识理解得更深，没有人监督，没有人鞭策，必须激活强大的意志力来保证自己一边学习一边思考。本节提到的第二次复述时，进行小组讨论的方法为我们提供了一个较为省力的路径。

输出原则的要点

为什么输出这么重要？因为要"学以致用"。它包含了学习的目的，同时还告诉了我们一条学习的策略，那就是结合"致用"来学习，这和费曼的输出原则是同一个道理。现实中为什么许多人学了大量的知识却感觉毫无用处？不是这些知识无用，而是他还没有建立一个稳定的"输出系统"。

美国《独立宣言》的起草者本杰明·富兰克林年轻时在印刷厂做学徒工，工作时间长，收入少。他在工作之余，大量阅读，并对写作产生了兴趣，也希望有朝一日自己的作品也能刊登在报纸上，想实现这个伟大的目标，富兰克林就得刻苦学习。

他是怎么做的呢？

首先，他把报纸上的文章剪下来，读完一遍再抄写一遍，抄在散乱的纸条上。然后，他把原文放到一边，打乱这些纸条的顺序，让自己忘掉原来的顺序，再重新排列它们。经过反复的练习，他就理解了这些文章，也懂得了如何去创作一篇好的作品。最后，他又提高难度，不是排列纸条的顺序，而是在一张白纸上默写自己读过的文章（复述），默写的时候不由自主地便加入了自己的文字。一段时间以后，他的文章便刊登在了报纸上。

富兰克林不仅刻苦认真，而且使用了高明的学习方法，这也让他成为美国杰出的政治家、科学家、外交家、出版家、作家。有人评价他为"盗取火种的第二个普罗米修斯"。

在费曼技巧中，输出（以教代学）知识不是单向的一方向另一方传授知识，它是一个双向的过程。根据费曼的理论，我们可以总结出五个输出原则：

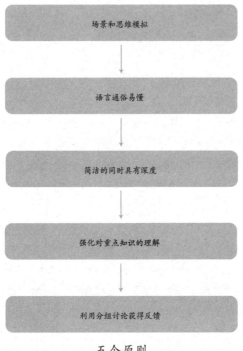

五个原则

这五个原则是递进同时又互相联系的学习过程，如果要实现学习的高效能，它们缺一不可。学习的目的是让自己的知识有一个在现实中使用的出口，而学习的质量又取决于你能否在学习中拥有这么一条路径。

只要是系统地学习和掌握一门知识或技能，就必须为这门知识或技能找到一个或者多个出口，去输出它们、使用它们。经过这个环节的锻炼，你学到的知识才能真正地变成你拥有的一种本领，转化为你自己的智慧。

第四章

费曼技巧之回顾原则

在费曼学习法中，从"学习知识"到"转化知识"的关键就是如何将正确的知识从庞杂而具有欺骗性的信息中挑选出来。这就要求我们在复述完了之后要回头检查、审视和总结。

查缺补漏，对不足进行弥补

有时候，明明对一些问题有着很强的表达欲，心中的理解也非常深刻，但需要用通俗的语言说出来时，就会表意不清，或者突然心存疑虑，对自己的观点不怎么自信。有些知识明明是花了很长时间理解，总结了不少的观点和其他的想法，甚至做了笔记，但在当面讨论时却有相当多的内容无法及时地表达出来，朋友也猜测不透什么。这说明学习还是存在问题的，必须回头重温知识。

一般而言，我对这样的局面有两种解决办法可以选择。第一，当时就重新梳理内容的逻辑，和朋友展开深入的探讨，思考知识背后的问题，一起消除困惑；第二，按下不提，回去之后再专注地重新学习和理解，整理一遍思绪，完善自己的观点。第一种思路是当场解决；第二种思路是事后解决。

这两个方法的作用是一样的，就是补缺和查漏，对学习过程中的不满意之处进行纠错，开展二次学习，使我们对于知识点的理解更深，对于问题的看法更成熟。费曼认为，当我们学完一个知识后总以为自己懂了，可其实只摸到了皮毛。在皮毛之下，还藏有大量的东西是我们所不知道的。这是经常发生的事情。尽管你已进行了一次和二次复述，或对其他人在很多场合阐述了这些知识，也仍然会有你未曾理解的内容。这些你还不知道的内容用一个专业名词来形容就是"盲维"。

"盲维"是我们没看到的角落，也是我们未想到的地方。比如你走进一个陌生的房间，每次进去只能待1分钟。第一次进去时，你能描绘房间30%的特征，里面是落地窗，厨房很整洁，有两张床，一张餐桌。但你没注意到是否有空调和洗衣机，以及沙发、餐桌和床的材质。第二次进去时你注意到了电器和沙发，能说出它们的品牌、颜色等特征，但你没留意房间内有几个插座，卫生间的热水器和淋浴头是否好用，厨房的煤气管道是否安全可靠。直到第三次进去，你才掌握了这些信息。实际上，你的观察一定还存在着许多盲点，只不过你暂时没有注意到。只有在里面住上几天，你才能完全地了解这个房间。

学习便类似于探索一个陌生的房间。盲维越大，你对知识的了解就越浅，在输出知识时你的表达力就越欠缺，听者也难以从你这里第一时间理解你所讲的内容。消除盲维的过程，正是我们对知识采取怀疑和深度探索的环节——怀疑那些令自己感到困惑的知识，探索那些仍未搞清楚的知识，而且要主动地回顾和总结、反思和修正。很大程度上，如果没有一个主动的学习态度，许多极其关键的知识点是永远不会被我们所理解的。

我们不主动地怀疑和探索，不管读了多少书，背下了多少理论，学到的永远是皮毛。

只有在运用知识去做事时你才会发现，这个知识点为何我没有印象？这时你才意识到自己并没有真正地理解所学的知识。

——费曼

重新对比数据和事实

如果在对外输出时遇到了问题、麻烦，解决方法是什么？你应该做的第一件事既不是否定知识，也不是为了维护自己的正确性而竭力辩解："不是我没理解，是你们没听懂！"这是你本能地想做的事情，但千万别这样，这只能让人们觉得你是在强词夺理，不懂装懂。你应该确保自己所阐述的知识是正确的，或者必须能够自圆其说，具有清晰无误的逻辑。为此，要重新对比已经掌握的数据和事实。

第一，重新检查知识库。

在学习的过程中，我们对一个理论形成了知识库，即有关于这个理论的所有信息，包括立论、论据、论证逻辑、其他信息等。这个时候，你要把它们全部调动出来，列一个清单，重新进行检查。检查的目的是看看你是否有遗漏，找出理解上的错误、记忆有误和事实不清的部分。

第二，重新验证知识的关联性。

世界上所有的信息和知识点都不是孤立存在的，它们是互相紧密联系和具有逻辑性的。所以如果学习时你只记住了某些单一的知识点，在告诉别人时对方便很困惑，你也自觉逻辑上说不通。这时就要把知识点之间的关联性找出来，把不同的信息串联起来。比如，你记下了经济学的许多常识和定律，但没有理解它们在经济体中的各自特点，复述这些知识时你就会感到空洞无物，因为脱离实际社会的经济学是毫无生命力的。你要重新学习它们在经济体中的细微或巨大的差别。就像计划经济和市场经济的区别，货币超发和金融开放对经济安全的影响等，阐述这些知识离不开具体的社会与经济体制。

假如我必须把一个高深的理论知识讲到连小学生都能听懂的地步，首先就必须逼迫自己去思考和探索这个理论或知识的本身究竟有没有问题，我自己是否真正的理解？如果我都不理解、不清楚它的本质，又怎么才能把它讲得通俗易懂，小学生又怎能听明白呢？因此，在回顾学习的成果时，对知识的数据和事实进行对比是十分重要的。要在知识和现实之间找到或建造一个坚固的桥梁，否则你只能充当一个缺乏趣味的朗读者的角色。

★ 如果正确

经过对比查证，会出现两种结果。第一种结果是"知识正确"，我们再一次加强了对知识的理解。例如，有一次我向朋友分享一则关于科幻电影《星际穿越》中主人公驾驶飞船进入虫洞的情节和我的理解。我读了相关的书籍，也仔细观看了电影，然后告诉他们，虫洞属于四维体，它在三维空间的投射是一个球体，其中加上了时间这个维度。说到这里我突然脑袋卡壳，不知道该如何解释这个球体是怎么形成的，电影中的解释我已经忘了。

朋友也听不明白："看上去是个球体，这没错，可我不知道为什么。也许书上说的不一定对，毕竟谁也没真的观察到一个虫洞在宇宙中出现。"我想，自己需要再读一遍书了。我翻回相关的章节，重读一遍内容，又看了一遍电影。我发现科学家的分析是对的，逻辑严密，有充足的科学依据，是我自己的理解和表述有误，遗漏了关键的信息。

在重温的过程中，我对正确的知识形成了深度的理解和产生了"长时记忆"。这是费曼学习法中一个富有积极效果的环节。

★ 如果不正确

第二种结果是"知识不正确"——这经常发生，也是需要引起格外重视的情况。我们在回顾时发现自己在学习中疏忽了一些关键的事情，导致我们对知识的理解出现了偏差，或者原知识本身存在一些问题而起初没有发现。这时你就要谨慎地寻找原因。出现偏差的原因是什么？原知识中的哪些信息是存在问题的，为何第一遍学习时自己没有意识到这一点？

第一，是自身知识的欠缺导致了理解的偏差？

我们在日常的生活、工作和学习中积累了越来越多的知识，包括从书本、专家、分享平台、自身阅历和周围的环境中接触到的各种常识、思维习惯、技能，以及处理问题的公式。这些知识就像一张密不透风的大网，会影响人在未来学习中的认知能力。哈佛商学院的一项统计表明，有 68% 的人下大功夫去学习一门知识却仍然不得其门而入，原因是他的知识储备还不足以理解这个知识，而不是知识本身的问题。

举个很简单的例子，你学不会微积分，甚至看到微积分就头晕目眩，不是切线、函数、微分、积分等这些知识点讲得不够清楚，而是你不具备高等数学的基础，因此接触到相关的知识时缺乏足够的理解力。就好像我们因技能的欠缺而导致工作上的失误一样，即使你对此深思熟虑和计划周密，恐怕也很难有一个预期的好结果。除了下大力气实质性地夯实相关的知识基础外，并无其他的解决办法。

第二，是原知识的观点和逻辑存在问题？

我们学习时会遇到这种情况，理解了一个理论然后去实践中贯彻，却发现与事实不符。不是学习的方法不对，是知识的观点和逻辑存在一些问题。这时，你就要反思自己筛选知识的环节，是否从错误的来源获取的知识，是否没有充分地对比验证？

比如，你所学的知识源于开放式的分享平台——百度、维基、知乎、简书等。由于开放式平台人人可发布和可自由编辑的特点，决定了上面的信息鱼龙混杂，有真有假。轻信了这上面的知识，再用这些错误的知识去处理和解决问题，当然很容易在现实中碰壁。

所以，我们一定要拥有对学习的修正策略，时刻查补自己在学习中出现的各种问题。如果是自己的理解错误，我该怎么办？如果是知识本身有问题，我又该怎么办？准备好相关的修正策略，我们才能及时地对错误的学习踩下刹车，回到正确的轨道。

保持一点不安分的好奇心

除非我们准备降低学习的难度，调整自己的学习计划，从最基础的知识学起，否则你只能理性地评估自己的理解能力，仔细地检查和罗列出一张"学习清单"，先提高知识储备。比如，准备学习微积分的人需要补充高等数学的基础知识。等你具备了较高的知识理解能力和善于寻找正确的知识来源时，学习的正反馈才会增加。

★ 保持好奇心，怀疑一切定论

好奇心有多重要？在学习中，"好奇心"可以帮助我们对未知的领域保持强烈的兴趣，同时也会对未知和错的知识产生怀疑："这个概念真的像作者说的这样吗，能否经得起分析验证？权威和专家的定论就一定是对的吗，难道没有相反的结论，在其他应用场景中是不是会水土不服？"如果你在学习时缺乏这样的好奇心，就容易囫囵吞枣，不分良莠地接受所学的一切知识。

在与知识有关的日常讨论中也是如此。假如你和同学、朋友都十分认同书中的一些观点，或者某种学术立场，你们能够毫不犹豫地在同一时间分享类似的感想，互相坚定立场。你也很确信自己的复述肯定能获得听者的认同。这意味着你对知识的理解和别人的看法完全吻合，是学习效果非常好的表现——通常人们是如此认为的。

然而，这是否过于巧合？有没有其他的可能性？

第一种可能：你们学到的知识没有出现任何争议性的问题，双方极其一致。这是我们最希望看到的结果。

第二种可能：事情没有这么简单，你和朋友的观点并不是源于第一手的知识，而是道听途说或未经证实的二手信息。"知识"在强传播下的误导性很大，大部分人都深信不疑。

第三种可能：你和朋友或听者都已对这些知识进行过充分的怀疑、对比和探讨，然后通过独立的思考与严谨的论证得出了相同的观点。这也是一个好结果，但大部分人其实很难做到。

人们在学习时的思维同时受到"经验"和"好奇心"的影响，学习的状态始终处于两者的中间地带，也就是经验和好奇心同时在发挥作用，但又不承担责任。想想看，我们平时思考问题时是不是这样？对陌生的新鲜事物既有强烈的好奇心和想象力，又深受经验的局限。这种情况下，当你在学习中得出一个判断或结论时，大脑并不清楚这是经验的结果，还是好奇心的创造。有时经验和好奇心也会"打架"——这种现象经常发生，经验告诉你这个知识有用，好奇心却让你保持怀疑。处于它们的中间地带时，你也许很难做出一个评判。

比如，我们读书时都有一种体会，书中的某一段内容或是让自己感到困惑，或是跟自己的经历不太匹配，需要重点思考和做出与经验不一样的理解。然而，大多数时间我们最终并没有做出这个决定，翻了几页之后，就放弃了重温那段内容或进行深入思考的想法。这是因为我们还没有形成在学习中战胜经验的惯性，养成敏锐地捕捉一切"争议点"的好习惯。

经验可以通过生活和工作中的实践获取，理论可以通过读书和在课堂上获得，但如果没有好奇心，你就不能积极主动地对比不同的观点，怀疑那些无法确定的观点，探索未知的领域。学习中我们应该让自己化作一只好奇心满分的猫，对所有的疑问保持一百分的探索精神，学会追根究底。

在学习中，经验保证你的下限，好奇心则决定着你的上限。

★ 发现问题的缺口

每当在读书中发现一些问题的缺口时，我就会感到莫名的兴奋。什么是缺口呢？首先，是较为独特的知识点，包括其他书籍没有的数据、未论述到的事实和与众不同的观点；其次，是能引发我深入思考的知识点、补充我知识盲区的论点等。比如，我在别的地方学到了一些知识，始终有迷惑不解之处，在这里却能得到答案。或是某个特定的信息触发了我的灵感，或是某段解释阐明了相关的原理。当然，其中也包括一些错误，知识中的错误也是非常宝贵的缺口，能够帮助我们发现怀疑的切入点和探索的立足点。

在知识的对比中寻找像金子一样宝贵的缺口，是最能帮助我们加深对问题的理解和探寻到真正知识的方法之一。"对比"是什么？举个例子，假如全世界只剩下了一个女人和一个男人，他们会怎么打扮自己，评判对方的形象？还能像现在这样非常容易地发现对方身上的缺点吗？不会，因为评价的标准已经变了。他们互相缺乏对比的参照物。到时候，"美"的标准只有一条，对方是自己眼中最好的异性。

学习也是如此，我们一旦能够就某一个点从不同的信息来源得到不同的反馈，再辅以自己的分析验证，很多"假知识"便不攻自破。回顾整个人类的知识进步史，数千年来各个时期的知识分子也是在这种连绵不断的对比、怀疑、探索、反思和总结中实现了文明的迭代进化。因此，学习时不要盲信知识，同类的知识也不要只去学一本书、一个人的观点和一种论证的逻辑，应该多方参照、反复验证，始终保持强烈的怀疑精神，才能探得真知。

★回归知识的本质

费曼曾经说："我们为何学习呢？知识对我们究竟

意味着什么？知识的本质又是什么？解决了这三个问题，我们也就找到了人生的答案。无论我们去学习何种知识，都能把它融入我们的生活场景中，化作属于自己的力量。"

不懂得知识到底是什么，知识意味着什么，那么学得再多也只是把它们挂在墙上或摆在好看的展台上当成欣赏的玩物。请好好想一想，你有没有把知识当作玩物、把学习视为制造玩物的经历呢？现实中不少人都是这样的。

知识的本质是人生的进步和成长，是我们与环境的融合并产生新认知的过程。从根本上说，知识是我们对世界的理解，并以此获取的改造世界的能力。

——费曼

但在现实中多数人并不具备这样的认知。当你对这个世界知之甚少，极度希望以学习来了解世界时，你会从哪里获取知识呢？我们经常碰到的场景是，你会从媒体、父母、老师、书籍或权威那里吸收知识。这些渠道本身没有问题，问题是你可能从未对他们提供的信息产生一丝一毫合理的质疑。

前些年有些同学热衷去参加一些课外培训，让一些所谓的机构名师"开小灶"。听课时他们无比认真，做笔记、订学习计划，下定决心提升成绩，改变命运。他们一边学一边感叹："今天又学到了新知识，掌握了新方法，讲得真好啊！"

实际上，很多课外机构一方面只是重复学校的教学内容，另一方面是学校教学内容的提前。它们的课程设计存在很大问题，也没有针对性。

思考一下这几个问题：

为什么听完一场激动人心的演讲后的次日，你的行为模式依旧遵循着过去的习惯，生活和工作都没有任何改变？

为什么读完一本如何学习方面的书籍后，你其实并不会按照上面的理论在学习中实践？

为什么你经过多年的学习，却发现自己仍然不能明事理和断是非？

一旦你有上述困惑中的哪怕一条，即说明你对于知识的理解和对学习的认知还是处于比较肤浅的阶段——入门级别。具体表现在，你学习的目的是功利地解决当下的问题，没有认识到学习方法、知识体系和思维模式的重要性，因而你的学习只是蜻蜓点水式地流于表面；知识在你眼中的地位和家中的宠物、手机、电脑等这些物品相差无几，拿来用一用而已，没有领会知识的本质，也没有深入地思考知识究竟能够为我们的人生带来什么。

我们只有意识到知识可以为人生注入进步和成长因子，可以使学习与思维产生巨大改变，才能真正地爱上学习，并在学习中养成深度思考和辩证分析的好习惯，否则我们的学习永远都只能是一种"表面的浏览"和"机械的记忆"。

寻找反证，对学习成果进行回顾和反思

我们在对学习的成果进行回顾和反思时，"寻找反证"是学习过程中的一个不可缺少的环节，即我学到的概念是否科学？我学到的理论是否实用？我学到的观点是否正确？我学到的论证是否严谨？以上内容能否从其他地方找到相反的"证据"推翻它们？

寻找反证的过程就是有目的地反思。反思不同于回顾和总结。因为回顾和总结是对学习的结果进行温习与提炼，对学习的效果进行评估，反思则是对学习的质量进行解构，保证自己学到的是正确的知识。

第一，反思能够帮助我们发现知识本身存在的误区。

第一个作用很好理解，我所有的学生都能提到通过

117

必要和及时的反思在学习中可以发现一些论证不严谨的知识和自己理解有误之处。读完一本书，学到一门知识或技能后，我们不要着急去实践和应用，先对所学的内容从头梳理一遍，进行对比验证，或者寻找相反的证据，看能否推翻这些知识。一旦发现与事实存在出入，我们就能以此为突破口，加深对正确知识的理解。

我们日常很多的决定是依靠大脑的直觉做出来的，学习时也时常地依靠于习惯，即基于我们平时累积的经验或本能反应。但是，没有任何经验是完全可靠的。所以对知识进行反思，从不同的角度反复推敲，也是在反思我们平常积累的经验和过去的知识体系是否存在误区，然后在学习的过程中弥补这些缺口。

第二，反思能促进我们在已有知识的基础上产生新的知识。

例如，在物理课上你学习了电能的知识，老师图文并茂地教给你新的解题技巧和思维方式，这和你之前的解题思路不同，这就产生了新的知识。怎样让这些新的知识经得起事实的验证，进而帮助到你呢？就要你一边每天努力多加练习，一边琢磨这些方法是否能运用到其他地方。拥有了深度反思的能力，你便能够每天把新的要求和自己的行为进行对比，逐步地改进和成长。如果不懂得深度反思，大概率学了就忘，即使讲给别人听时头头是道，你也很难把它们应用到自己的身上。对于后者，我们可称之为"口头上的进步"——谈起一件事时出口成章，信息丰富，见识很高，一听就是很有水平的人。人们在和他的交谈中受益匪浅，就会对他很尊敬。但亲自动手做起来时，他往往表现得一塌糊涂，让人大跌眼镜。

　　所以真正的反思必须结合行动，要在学以致用的环节实现对知识的检查，督促我们去将经得起事实检验的知识运用起来，转化为我们的思维成果，内化为我们的实际能力。在反思时，我们可以通过联想，将生活中其他的经验、经历与知识相结合，发现它们的关系，重新认识和审视自己过去的表现，这就能够把自己已有的知识重新组织，产生新的知识。所以，我们要重视否定式证据。

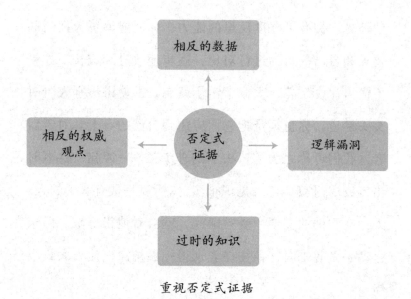

重视否定式证据

第一，相反的数据。

这里的数据不是由带有某种倾向性的个人有意识地统计出来的信息，而是公认或者科学的实验数据，比如，数十年来被证明行之有效的计算公式、权威部门的调查数据或者科学家团队的研究报告。这一类的数据经常具有不可置疑的凌驾性。

第二，逻辑漏洞。

如果知识本身的逻辑存在问题，从其应用或输出中我们就能明显地发现这一点。像经济、管理或物理知识，一个严谨的逻辑常起到根本性的作用。

第三，过时的知识。

"对的知识"也未必是"有用的知识"。我们平时接触到的很多信息其实都是过时的，描述的是过去一段时期内的现象、规律或数据，虽然很准确，但已经不适用于今天。比如，以前我们的课本讲到太阳系的时候，说太阳系有九大行星。随着科学技术的不断发展，科学家们已经把冥王星排除在外，如今的太阳系是八大行星。所以，我们一定要跟上时代的发展，优先学习最新的知识。

第四，相反的权威观点。

我们从专家那里学到了一个理论，别因他的名声、地位就毫不犹豫地接受，要先看看有没有其他的专家、权威人士的观点与之相反，或对他的思路提出过质疑。这个世界没有人是100%正确和不可否定的。如果有不同的声音，我们就要认真地研读和分析，看看这种质疑是否有力，逻辑是否站得住脚。假如能找到许多这种反证，我们在学习他的理论时便要格外谨慎。

重视知识的"否定式证据"，即要求我们为学习搜集一切的"必备要素"，不能仅有正面信息，还要有充分的反面信息。

如此才能避免学习时对知识的倾向性。我们在学习时总是会被特定的倾向性所困扰，要得出客观的结论，就必须勇敢地打破这种倾向性，不能盲目地相信一种知识，不能迷信单一的知识来源。

当知识卡壳时，我们要回到理解不清的地方，找出薄弱环节。知识卡壳是因为记忆有误或理解有误，记忆有误就要重新温习；理解有误就要重点加深理解。

对外输出知识时，我们很容易发生卡壳的"事故"，就像汽车在行驶途中突然出了故障。有时候这很尴尬，因为自己都没搞清楚，我们又怎么让别人听明白呢？这时，停下来，先梳理一遍卡壳的环节——到底是什么原因导致了自己的停顿和困惑？如果是记忆有误，有些关键内容突然记不起来了，我们便需要集中注意力重新温习一遍相关的内容，加强对这段知识的记忆；如果是理解有误，我们则要回到这段理解不清的地方，找出失误之处，重点理解，弥补薄弱的环节。

比如，busboy其实指的是"餐厅服务人员"而不是"汽车售票员"。初学英语的人十分容易犯下理解的错误，遇到含有这些单词的句式，翻译出来就完全变了味道。这是我们的学习中很常见的例子。

正像费曼在加州大学的一次演讲中说的："人和人之间的知识差距不是来自学习的资历、年龄，甚至也并非源于做实验的次数，而是取决于对知识的反思、总结和升华的能力。"在学习中若能持续地反思，将给我们带来强大的竞争力。它能在极短的时间内使我们更透彻地理解和更准确地掌握学习的对象。

争议是深度学习的切入点

不论学习还是日常生活，遇到争议性的问题，人们一般有两种处理方式：一是回避争议，二是解决争议。

第一，回避争议。

忽略或者绕过争议，只去理解自己第一时间能处理的问题。这是一种大部分人采取的"浅学习"模式（也许您正在采取这种模式阅读本书）。我们在平时的阅读中碰到有歧义的知识点，大脑本能地会选择跳过去，它只喜欢接收那些直白易懂的信息。我们形容一个人看书很快时会用"一目十行"这个成语，这便是大脑采取了浅学习的模式在输入知识，对所学内容只能记个大概，也无法形成长时记忆。

第二，解决争议。

沉下来化解争议，从有争议的知识点中获得宝贵的智慧。这是费曼在他的教学生涯中向人们推荐的"深度学习"模式。比如，向别人阐述一个概念时，对方不认同你的理解或该概念的观点，此时争议就出现了。最好的办法是与之以简洁而直接的方式探讨，双方畅所欲言，交换看法。这样做不仅能解决争议，还能加深你对知识的理解。

善于学习的人最喜欢有争议。争议意味着智慧，也代表突破口。我们想深入地理解和掌握一门知识，除了记住核心的知识要素、逻辑和架构，还要重点关注那些存在争议与问题的内容。这些内容不仅代表着知识的难点，同时还起到了衔接其他知识、开启脑洞、激发我们持续性地系统化思考的作用。

费曼曾说："最好的学习是我们能从一个问题里找到新的问题，你不喜欢、不赞赏、不认可的东西，那才是知识这顶皇冠上的宝石。如果你憎恶争议，或者没有挑刺的习惯，就如同你扔掉了这颗宝石，只戴一顶漂亮但毫无价值的帽子。"

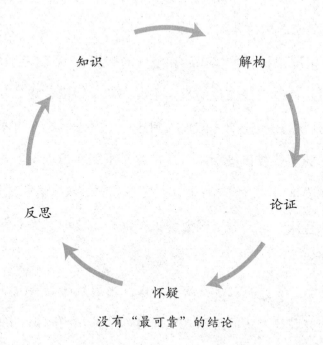

没有"最可靠"的结论

这是一个正确的逻辑闭环，告诉我们别相信任何一种学术结论，哪怕是最权威的声音，也不能奉为至宝或捧上神坛。在上面的循环结构中，知识是动态变化的，一方面我们不断地解构它、理解它，另一方面也通过论证、怀疑和反思更新它的内容，使知识保持常新，尽可能地真实而客观。

所有的知识都有它的局限性，我们平时说一种知识是权威的，是说在当下的条件和环境中它是能解释和解决一些问题的，但未来呢？在其他未经论证的条件和环境中呢？我们谁都不知道。如果我们在学习时能拥有一种科学的怀疑精神，那么不但能很好地掌握这些知识，还有机会去创造新的知识，成为一名优秀的具有突破思维的学习者。

"内容留存率"决定学习效能

我们知道，生活中很多的事情均可以外包，但唯有"学习"是不能外包的。学习纯粹是你自己的任务，没人能替你操刀。学习也是我们立足于这个世界的最重要的一项底层能力。只要有强大的学习能力，一个身无分文的人也有机会成为世界首富。但如果你的学习效能很低，就是给你亿万的财富，也只能坐吃山空。

想提高学习的效能，就要提升自己学习的"内容留存率"。

只有学习的"内容留存率"达到 90% 以上，才能算是真正的高质量的学习。费曼认为，在回顾和反思的环节中，一件非常重要的事就是把我们学习的"内容留存率"提升上去。

什么是"内容留存率"？首先，我们要记住知识的比例，也就是能把多少所学的知识转化为长时记忆；其次，我们能真正理解的知识的比例，即能实质地掌握多少内容；最后，这个比例不低于90%才可称得上高效能的学习。

比如读一本书，我们的大脑最喜欢的阅读方式是什么？一定是先找个舒服的地方，比如靠在软软的沙发上，吹着空调，喝着咖啡，听着音乐，然后由着性子挑感兴趣的内容。至于能记住多少，大脑并不关心这个问题，它重点关注的是阅读体验。大脑在学习这方面始终是一个追求安逸的偷懒分子。

★不是学得越多效能就越高

在学习和学习的行为之间，我们之所以存在沟壑，主要原因便是不知如何去提升"内容留存率"。有的学生诉苦说，有时觉得时间紧迫、任务繁重，很多书要看，很多习题要做，心态就急躁，行为就变得盲目，于是便忘了预先制订的学习计划。学生们往往花几天的时间钻研几万字的资料，废寝忘食，可能只理解了三五千字的

写给孩子的费曼学习法

内容。这项工作重复下去，实在没什么价值，心灰意冷之下他就放弃了对这门知识的学习。这让这些学生的成绩很差，对未来感到悲观。

这种现象反映了五方面的问题：

第一是在选择知识上的心态浮躁。

人们在学习时一方面希望获得有深度、有营养的干货，另一方面又总希望这些知识通俗易懂，一看就会，到手即用。所以人们在选择知识时心态浮躁，总想一口吃成胖子，快速成功，静不下心来专注地理解自己的学习对象。

第二是在学习过程中的行为盲目。

学习的过程中人云亦云，临时起意，看到别人的推荐或大家都在学的东西，便立刻放弃自己正在进行的计划，也跑去学那些内容。这种盲目还体现在自己并没有一个明确、坚定的学习目标，也不知道自己究竟需要哪些方面的知识。

第三是不善于学习管理。

我们制订了学习计划却不能严格地执行，比如下定决心读一本书，安排了周末的时间，到时候又被朋友叫

130

出去打球了；热衷于报名参加学习课程，又不能准时听课，上完课也做不到及时温习，导致学习管理一塌糊涂，虽然对学习付出了极多，实际上却学不到多少有用的知识。

第四是没有自己的知识体系。

缺乏知识体系在学习中最直观的表现是不知道为什么要学习这些知识，也不清楚学了这些东西对自己有何作用，更不懂如何从中吸收对自己有益的内容，用于解决实际问题。这就使学习变成了一种劳而无功之举。虽然你总在学习那些热门或时髦的知识，却很难消化它们。

第五是不看重学习方法。

尤其是不重视获取正确高效的学习方法。很多人对学习充满热情，恨不得一夜间便成为某个领域的专家，但却用蛮力去学，比如死记硬背，不知道应该如何确定自己的学习方向，怎样高效地留存学到的高质量的内容。所以这种热情到最后总会被现实当头浇一盆冷水，学不出效果。

费曼说："知识不仅是文明的记忆，也不仅是未来的旗帜，它还是一种思维结构。"当你从思维结构的角度看待知识时，就要意识到，学习的过程其实就是对我们自己思维的变革，有聪明的方式，也有愚蠢的方式。

我们即使从书本或知识平台中了解、阅读到了全部的内容，哪怕倒背如流，那也只是完成了不足 5% 的学习份额，也仅是达到了费曼要求的入门级别，更艰巨和更漫长的任务还在后面。因为学习最重要的是最大限度地记住"有用的知识"，这些知识要深刻于脑海，对之如臂使指，成为一技之长。所以，我们不要一味地追求学习的数量，要着眼于学习的质量，提高学习的效能。

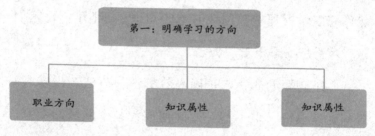

第一步要针对自己的职业／工作方向、学习的内容和知识的属性，把要学习的知识规划清晰，包括概念性知识、事实性知识、过程性知识、原理性知识等，即解决学习什么的问题。在这一步中，记得及时把不适合、不感兴趣的内容挑出来，因为它们会影响理解和记忆的效能。

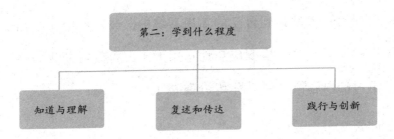

在第二步的三个层次中，第一个层次是知道与理解，表现为能够正确地理解知识的含义；第二个层次是复述和传达，表现为能够正确地复述一遍并且讲给别人听；第三个层次是践行与创新，表现为能够将知识转化为行动，然后创造新的知识。这三个层次缺一不可。

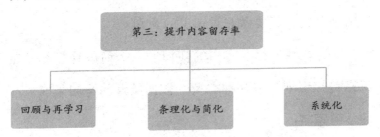

第三步是费曼学习法的核心，大致可以分为以下三个层次。

第一个层次，即本章讲到的回顾和反思的步骤，经过现实的践行与创新，通过必要的回顾与反思，对知识进行再学习；第二个层次，将知识条理化，以自己喜欢和熟悉的方式简化，利于记忆和运用；第三个层次，将学到的知识整合到自己的知识系统中，或者产生新的知识系统。这几个步骤成功地运用下来，可以帮助我们将学习的内容留存率提升到 90% 以上。

★ 重复"有用的学习"

什么是"有用的学习"？这个问题关系到我们对于学习的认知。首先举个常见的例子，我们从一些付费平台上学习到的东西，算不算是有用的知识呢？这已经是在线学习的一部分，是现在正在流行的风潮。我无意打击读者为知识付费的积极性，但我的建议是，既然为此付出了金钱，就要做好对知识的甄别。

如何甄别出那些有用的知识？一个简单易行的办法就是将知识划分成多种类型，根据类型的不同采取对应的学习策略。

第一，对具有生长能力的知识重点学习。

这种知识是能帮助我们干大事的，对我们的生活和事业甚至具有无可替代的决定性，比如与工作相关的专业知识、新的理论以及关乎知识源头的问题、概念、定理和应用等。它具有完整和体系化的特点，有完善的逻辑体系，可以指导我们的实践。像投资、科研、芯片研发、工程设计等宏大的领域，这些知识具有持久和强大的生长能力，一旦选定就要重复和深入地学习，尽可能地提高内容留存率。

第二，对模块化的知识针对性学习。

其次是模块化知识，也就是那些尽管不成体系、不可生长，但却具有普遍应用价值的知识，能用来做很多事情。比如电器线路维修、电脑硬件安装、计算公式等，这些知识是工具性的，也是模块化的，能解决所有的同类型问题，我们只需要在用到时针对性学习即可，并不需要重复去学。

我们每天用于学习的时间是十分有限的，精力也有天花板。所以，我们很有必要对要学习的对象及其价值预先评估和识别，甄别那些有用的知识，为它们设立优先、重要等级，将大部分的精力用于学习最高等级的知识。你要知道，我们学习不是单纯为了记住知识，而是使用知识。

回顾原则的要点

在费曼学习法中，回顾原则起着承前启后的作用，是我们实现真正掌握一门知识极为关键的一步。回顾原则要求我们将学习中遇到的问题——证据不足、解释不清、逻辑不明、自己一知半解的内容摘录下来，逐步把这些内容与资料对比，梳理清楚。这样一来，我们一定能得到最为精华的知识。

经过必要的回顾和反思，我们厘清了知识中争议的部分，获得了对学习对象较为全面和真实的阐释，但是这还远远不够，要再想一想：此时的理解和阐释还能再简单直白些吗？对于从未接触过它的"小白"来说可以轻松理解吗？这就要求我们在回顾和反思过程中做到以下三点：

第一，怀疑和探索。

确保数据和事实是准确、精确和经过科学统计的。

对未知保持强烈的好奇心，怀疑一切定论，哪怕它是权威定论。

探索知识的本质和背后的问题，而不是仅记住知识的内容。

第二，寻找反证。

否定式的证据具有无比重要的作用，对此不能刻意忽略。

对薄弱环节要多方搜集信息，从多个角度加深理解，并提出自己的看法。

重视争议性的观点，从让人困惑的争议中获取比黄金还珍贵的知识点。

第三步，提升"内容留存率"。

追求学习的效能，而不是知识的数量。

将主要精力放到有用的学习上，也就是重复理解那些"有用的知识"。

提升内容留存率，我们需要拥有"原理性思维"。

需要强调的是，费曼本人并没有把他的学习方法理论化。这些原则是由无数的追随者和思维学家整理而成，他的很多学生从中受益匪浅，许多人成为各行各业中的佼佼者，对费曼技巧的研究便逐渐流行起来。

作为一位优秀的物理学教授同时也是天才的学习者，费曼的经验主要源于他在教学实践中的经验之谈，以及他本人学习心得的总结。比如，回顾原则，费曼在很多场合都倡导人们重视对学习的反思，要从有意义的反思中得出新的东西，深入抓住知识的内核，然后有目的地简化之，才能彻底地理解其中的精华。事实往往就是如此，我们必须在实践中检验优秀的学习方法，并在理论上不断完善它，才能保证我们日常学习的质量。

第五章

费曼技巧之简化原则

　　费曼学习法中最重要的一步就是简化并吸收所学的知识。我们可以通过有效的简化，全面而深入地理解自己的学习对象，将"有用的知识"转化为"自己的知识"；并借此升级自己的思维，开阔思考的视野，提升自己的认知。

简化知识要点，找出核心部分

在学习中，最怕的就是一个人漫无目的、没有重点地乱学，同时还自以为是，觉得自己学到了很多东西。也许你觉得自己很善于学东西，其实距离优秀还差得很远。

正因如此，在费曼学习法中最后一个重要步骤是简化所学的知识。什么是简化？打个比方，就像洗菜做饭一样，材料买回家，要清水洗净，剔除不需要的部分，留下干净有营养的部分，再分别摆放到盛器里，一目了然。费曼说："首先是对知识的分解，把你需要的、核心的东西找出来；其次是条理化、逻辑化，把这些剩下的知识整理好，成为一个整体。做好这两项工作，我们才能吸收这些知识。如果你不能把一个科学概念梳理得逻辑简单、通俗易懂，三两句话就能讲明白，那就说明你对这个概念是一知半解的，并没有学好。"

简化和吸收是费曼学习法的最后一个步骤，目的是将学到的知识制作成一个精小的"知识包"，融入我们自身的知识体系。当你自始至终都可以用小学生能够理解的语言重新总结知识时，你就成功地使自己在更深的层次上理解了该知识，在不同的知识点之间确立了牢固的联系，也发现了它们的本质。一般而言，经过了这一步，我们一定会清楚地知道自己在哪里还有不足，该怎样进行下一步。

★ 如何简化知识的要点？

第一，打开知识的"重要性开关"。

即哪些知识很重要，哪些知识一般重要，哪些知识不重要。为它们列一个优先级，排好顺序，全力吸收那些重要的知识。

平时，当我们在向别人讲完一个东西的时候就会发现一个现象，之前心里没有印象、没有逻辑的知识此时突然清晰起来，你能感觉到有些东西是重要的，有些东西则不重要。但在讲述之前，你可能对此并不清楚。

就是说，通过三次复述，我们可以打开知识的"重要性开关"，既能训练自己的语言组织能力，还能检查这些知识点，形成一个清晰的逻辑，看看哪部分才是自己最需要的，然后把它们留下来。

第二，将知识从复杂回归简单。

费曼认为，所有复杂的知识体系都有一个简单的核心逻辑，就像一团乱麻会有一根总的线头，找到这个线头往外一拽，这团乱麻便轻松地被化解了。要把学到的知识简化，我们就要提升自己的思考维度，站在高处往下看，找到里面的那个核心。

首先，你必须完全明白的是，无论一项知识包含多少概念和分支，它都有一个当仁不让、至关重要的核心。这个核心才是你理解和吸收该知识的钥匙，找到它，就能将复杂的知识简化成一个易于理解的版本——简单到随便一个人都可以看明白。

其次，简化知识就是完善我们的思维模型，从知识中总结和提炼要点，本身便是对思维能力的锻炼。一边学习有用的知识，一边提升我们的思维能力，这个步骤可以起到一箭双雕的作用。我建议读者在总结知识的要点时，准备一张清单，不仅用到大脑，还要用到笔和手，把提炼出来的要点写在纸上，随时修改，对学习的效果更有帮助。

简化所学知识的过程其实就是要求我们不断地用简洁的语言去解释一样东西，一直到我们的大脑像呼吸和喝水一样轻松地理解它。经过简化的知识能在大脑中把要点更有效地转化为长时记忆，然后影响大脑的思维和决策，使知识发挥它的作用。这些要点也有索引的功能，当需要重点使用该知识时，我们就能在大脑中按图索骥，快速将内容调取出来。

提高"知识吸收能力"

人在社会上的竞争优势并非全部源于学习，它还与自身拥有的资源和天赋有着莫大的关系。这是我们不得不承认的事实。但是，随着时代的进步、学习方式的进化和人与人竞争模式的改变，"知识吸收能力"对人的竞争性越来越重要。最近十年中，世界上优秀的学府都开始研究和重视提高学生以知识为基础的"知识吸收能力"，这是当下一段时间的教育和组织研究中最重要的概念之一，属于知识转移的范畴。

★ 如何吸收我们需要的部分？

在学习过程中，"知识吸收能力"具体指的是什么呢？用一句话概括，就是获取、简化、吸纳、转化和创新知识的能力。从这几个关键词看，这种能力也恰恰深嵌在费曼学习法的几大步骤中，帮助我们获取知识、简化知识、吸收知识、转化知识和创新知识。

第一，获取知识。

这是一项基础能力，我们要从外部有效地获取知识，确定学习的方向，制订学习的计划，并且充分地了解和判断哪些知识对自己具有关键的作用。

第二，简化知识。

即以必要的筛选、整理等手段提炼出知识的骨架和要点，浓缩出知识的精华，提高内容留存率，为吸收知识做好准备。

第三，吸收知识。

知识的吸纳能力强调的是，我们要将那些核心的知识长久地保存在大脑中，成为一种长时记忆，并且做到真正地理解它，又游刃有余地向别人阐释出来，实施以教代学的学习策略。不能被吸纳和阐述的知识是很难被我们的大脑真正接受的，往往只是一种短时记忆。

第四，转化知识。

知识的转化能力指的是，我们要把学到的外部知识与已有的知识有效结合，使新知识转化为自己知识体系的一部分，变成可随时使用的能力。

第五，创新知识。

知识的创新即开发新知识的能力，我们通过有效的学习，在已有知识的基础上创造新的知识，甚至超越原有的知识。最终，我们从知识的被动学习者和接收者，变成知识的主动创造者和提供者。

具有了这种能力，当你吸收知识中自己需要的部分时，会发现要做的事情很简单，只要和自己的生活、工作目标结合起来，再用好上面五个关键词，就可以高效地将自身需要的知识吸收进自己的知识体系。

在吸收这些知识时，你还要做好两大类的工作，第一是提高自己对潜在知识的吸收能力，包括知识的获取和吸纳；第二是提高自己对实际知识的吸收能力，也就是知识的转化和开发利用，在学到的基础上还要努力地创造，成为知识和技能的提供者，上升到让别人学习你的境界。

纵向拓展和精进

费曼认为，理解新的知识不只是记下基本的原理，而是要将它们纳入现有的知识系统，要充分地掌握内在的规律，成为这门知识的行家里手。像学英语，背上几千个单词只能帮你完成一些初级的对话，却不足以成为英语高手，比如阅读专业的英文著作。这需要一套高效的学习方法，特别是能对知识纵向地拓展和精进。在费曼学习法的简化步骤中，纵向深入知识的内部，是实现对知识深刻理解的必经途径。

大部分时候，学习低效是因为你已经习惯了横向扩展知识和进行增量学习。"横向"和"增量"都是初级学习的标签，只重视广度和数量，不重视学习的深度。

这种学习会让你获取非常大的知识量，但在学习的质量上却十分低效，从而产生一系列的负面效应：

认为学习很辛苦，花太多的时间，消耗太多的精力；

不知道如何设计学习目标，总是感到迷茫；

学习时缺乏主动性与持久性，有一定的爆发力，但也容易三分钟热度；

学习不得要领，没有奏效的学习方法。

第一，纵向拓展。

解决这些问题的第一个原则是在学习中实现纵向拓展。需要注意的是，我们平时遇到的各种表面上看起来"无用"的不相干的知识，其实在最后都能联系起来，互相是有关系的，也就是知识间的桥梁。这意味着我们并不需要对一个问题横向地掌握它所有的知识点，只需要对其中的一两个点集中突破，深入研究，便能举一反三。

第二，学习要有"绿灯思维"。

当我们在学习中遇到新的观点或者不同的意见时，一定要耐心地倾听，懂得自我反省，从中汲取有价值的信息。这使得我们的学习视野是不受局限的，既看得深，又看得广，拥有开放的态度。

第三，学习要"以慢为快"。

真正的高效学习，一定是把知识融会贯通的结果。想达到这样的目的，就不能心浮气躁，而是习惯"以慢为快"。在越来越快的生活、工作节奏和无处不在的学习焦虑中，我们做到"慢"并不容易，但这是一个必须完成的任务。"以慢为快"就是专注于一个学习对象，把它学精、学通，有了对其核心知识的深刻理解，我们才能100%地运用它，把它转化为自己的本领。

但是现实中，很多人追求的却是快餐式学习，像"三分钟学会看财报""五分钟学会高难度算法""一小时学会48个音标"等，从技术效率上把学习变成了一种不求甚解、只求"好像已经学会"的快餐行为。对于这种粗制滥造的学习，费曼是坚决反对的。他曾这样讽刺纽约的证券从业者培训班："我知道有一个地方号称两分钟就能让人学会100种兜售股票的技巧，从那里走出来的证券经纪人，就像驾驶着航天飞机的猴子，我不相信他们能把你成功地送回地球。"

第四，精进需要"刻意练习"

知识的精进需要"刻意练习"，但"刻意"二字指的并不是"有目的的针对性训练"，而是扩大我们的"认知视野"，拓展对知识的"认知深度"。就好比下棋，新手下棋时从棋盘上看到的不过是车、马、炮这些具体的棋子，走一步看一步。高手看到的却是整个棋局的走势和所有可能采取的策略，从而在战略层面做出正确的选择。对同一个问题，新手和高手的认知方式截然不同，最终的结果也就有了天壤之别。

体现在学习中，就是放弃对细枝末节的考据，强化对问题本质和关键领域的研究，通过训练，拓展我们的认知视野和认知深度。

事实上，大量的持续练习贯穿于费曼学习法的全程。要想深入地了解一门知识、精通一个领域，有些工作是无法省略的。只有纵向拓展和掌握相关知识，阅读相关的书籍，理解相关的概念，才能让自己以较快的速度成长，真正地学通和学精一门知识，并把它应用于我们的生活和工作中。认识到这一点，会让你对学习的本质有更为精确的认知。

深度挖掘，实现知识的内化

费曼认为，只要找到窍门，学习也许很简单，但把学来的知识内化为自己的一部分就不是那么容易了。有很多学生经常会说："老师，我明明已经学了这些知识，解决问题时为什么还是没有任何的思路？""我按照您说的步骤对知识有了深入理解，也做了简化，产生了一定的框架，可总觉得这些知识与我过去所学存在冲突，感觉怪怪的。"其实，如果不能实现知识的内化，无论你在学习中付出了多少，都会遇到这个坎。

知识的内化，本质上是将外部的智慧吸收为自身生产力的过程，与原有的知识架构完美融合，获得 1+1>2 的效果。

我们对比一下班里学习好的同学，他们学到一个知识后，为什么能举一反三地解决很多题型呢？

还有同学说："我真的不清楚如何筛选有用的知识，也不知道怎么将它们吸收内化了。"许多付费学习的人便属于这种情况，他们花钱学到了大量非常复杂的知识，却贪多嚼不烂，这些碎片化的信息未经整理和思考，始终游离于自己的知识体系和需求之外。这种学习即便重复一万次，也无法让你的人生有质的提升。

★ 形成自己的知识体系

什么是我们自己的知识体系？通俗地说，就是我们可以将零碎分散、相对独立的知识和概念吸收转化为自己的东西，赋予它们逻辑，并且有效地运用这些知识。当你拥有自己的知识体系以后，解决问题时就可以形成自己的方法论。在学习时，也能有目的地挑选正确和满足自身需求的内容；吸收知识时，也能做到合理地筛选、归纳和整理，使不同来源、不同观点的知识为己所用，发挥应有的作用。

为了实现这个目标，我们需要养成对知识深度挖掘和深度学习的习惯。我们在深度挖掘和深度学习时，最好使用多种工具，比如重要内容摘录、画出知识图谱、标记核心要点、内容分类、概要总结等。有人会问："如何才能满足'深度'这个要求？"这的确是一个令人疑惑的问题，但它并不难实现。我们可以用几个简单的标准来进行评估：

技能的延伸和强化。让学习的过程不仅是解决一个问题，而是能够开拓新的领域，并且创造新的知识。

对知识的前瞻性理解。深度挖掘知识的核心要素和与其他问题的内在联系，掌握基本的原理和规律，然后提出前瞻性的见解。比如，当你学习人工智能课程时，学有所成的同时对人工智能的发展前景是否有自己不俗的预见？

对知识的系统性强化。经过富有深度的学习，我们能打通不同领域的界限，优化自己的知识系统，开阔视野，从各个层面提高思考问题、解决问题的能力。比如，学习一门专业知识时，通过做笔记、搜索、归纳和深度理解，我们在这个过程中能弥补自己其他领域的不足，完善已有的知识系统。

★ 费曼对知识内化的五条建议

费曼曾对自己的学生说："从体系化的角度看待知识时，我们比碎片化的学习获得了无数的好处，其中最大的好处是能看清不同知识的内在层次和结构关系，方便我们进行总结和升华，然后对外传播知识。"

这就是知识的内化。对此，费曼提出了五条重要的建议：

第一，使用笔记记录知识的核心要素。

我们在学习时要养成记笔记的好习惯，把重点内容，尤其核心的要素记录下来。这既帮助我们在后面对知识进行加工，也是一种辅助记忆的手段，能加深我们对知识的印象。

第二，一定要大幅度地整理所学的知识。

"大幅度"的定义是，我们对输入进来的信息和资料进行一次深层次和全面的过滤，删除不需要的内容，并把高价值的知识以一种严谨的逻辑整理出来，赋予清晰的层次感。

第三，对知识进行结构化的归纳与理解。

我们要通过自身的角度和需求，展开脑力活动，以结构化的方式对知识进行归纳与理解，形成自己的见解，并用精准的语言重新阐述。

第四，输出和发布自己所理解的知识。

我们要把归纳整理好的知识发布出去，或者讲述给别人，收取人们的反馈。这么做既验证自己的理解，也能在公开或非公开的沟通中听取其他人的想法，补充自己没想到的地方，开阔视野。

第五，对知识进行简化、吸收和记忆。

最终，我们要对学习和输出知识所得的"精华版本"进行简化、吸收和记忆，产生自己的知识体系，创造新的知识，并且为己所用，转化为长时记忆。到这时，我们的学习才算真正高效地完成。

对于这五条建议，费曼格外强调它们的相互关系。从第一步到第四步是递进和逐层依赖的关系，而第五步是我们的最终目的。即我们在运用费曼学习法的过程中所学到和创造的知识，最终都是以分享和帮助到别人并形成一个属于自己的知识体系为目标的。我们也应该致力于让晦涩高深的知识易于理解，在更广泛的人群中普及。

第三次复述

费曼说："我们所有形式的学习都是为了达到三个目的：第一是解释问题，第二是解决问题，第三是预测问题。"第三次复述便是为了帮助读者在学习到一门知识后，可以同步实现这三个目标，能够使用自己所学的知识解释问题、解决问题和预测问题。

请记住"预测"这个词，它对我们的学习应该具有无比重要的意义，是所有学习中的最高境界。这意味着我们明确了对待知识的态度——知识并非只是拿来搬开脚下的石头，或让你明白过去，而是帮你读懂未来。

★ 建立原创观点

如果不能建立自己的原创观点，就无法称为"100

分的学习"。美国著名心理学家阿尔伯特·班杜拉曾经提出了"自我效能理论"，用来解释人们在特殊的情景下产生某种动机的原因。这个理论的核心观点是，一个人对自己完成某方面工作的能力总是会有一个主观评估。这个评估的结果将直接影响他接下来采取什么样的行动，也就是影响他的"行为动机"。

这就是"自我效能理论"的重要意义。假如你能积极地评估自己的学习效能，深入持续地学习下去，就可以逐步地在所学知识的基础上产生自己的"原创观点"。阿尔伯特·班杜拉认为，想对知识建立原创观点，除了直接学习书本上的内容外，还要通过对世界的观察去进行间接的学习。

人类最重要的知识大部分是通过观察学习获得的。

善于观察世界的 10% 的人贡献了我们所学知识的 90%。

在费曼看来，所有的事物都是我们的观察对象，这是一个自由定义。物理学、化学、数学等等，乃至未来的科学，从观察中我们都能获得某些新的知识，覆盖旧的知识，为学术研究、社会生活等提供更有依据的标准。

而且，最重要的是在观察学习中我们要建立自己原创的观点。

★ 形成有影响力的新知识

无论何时、何事，我们的重大决策都应该只在自己的能力圈中进行，即便那是一个看起来无比美好的机会。学习也是如此。我们在知识中的影响力总是而且必然出现在自己擅长的领域，对这个领域的研究是由我们真正精通并且感兴趣的知识组成的。在这个令自己感到舒适的能力圈中，我们做得要比大部分人更好。这是我们的自留地，是能完全发光发热的地方。简言之，你必须基于自己的兴趣去开发学习的能力，创造有影响力的知识。

在第三次复述中，对于学习者而言，这是一项至关重要的任务。我深知学习是一个人终生的功课，也常把这个事实告诉学生。不管你如何践行费曼学习法，或怎样理解学习的对象，你对人生成长的向往永远是最重要的。你要尽一切可能发现那个最优秀的自己，找到那个最能让你迸发想象力和激情的区域，然后投入全部。

但是，我们不得不承认，很多时候人都是懒散的。最勇于学习和永不服输的人也偶尔会看到自己内心的退缩，人的本性是追求安逸与无知。因为安逸和无知能让人感觉到一种廉价的快乐。所以，当我们谈到"具有影响力的知识"这个问题时，一定有很多人不甚感冒。然而，如果你已经下定决心想在学习这条道路上取得真正的成就，那就要面对这个现实，制定一个与你的目标相匹配的计划，去创造知识，而不是对知识萧规曹随。

> 我们要渴望成长，要享受学习，了解这个世界的一切，但更要养成创造的习惯。我们要在学习中创造，要在阐述知识的过程中产生属于自己的影响力。

——费曼

知识的影响力总是直接来源于我们对学习的热情。2016 年，斯坦福大学的汉蒂姆教授及其团队的一项研究发现，在学校教育和自主学习的所有可控的变量中，"热情"是造成学生学习结果最大差异的因素。

第一，对斯坦福大学的自发式学习小组的调查表明，对某一领域共同的学习热情是他们聚集在一起的最大因素。这让他们每个人从中受益匪浅，取得了丰硕的成果。

第二，对一个话题的热情程度决定了你会为之付出多大的努力，而努力的程度又影响了你对这门知识的挖掘深度，最终塑造你在相关知识学习中的等级。

第三，热情也从根本上决定着你的创造力和你对新知识的理解。如果没有热情，你除了背诵和功利的应用之外，对学习可能毫无兴趣。因为你只是为了解决一个问题来学习，而不是为了改造未来。

汉蒂姆说："热情很难测量，但我们看到它时一定会知道。热情是一切学习的精髓，它也许不能帮助你一直获胜，但它总是能让你向前发展，驱动你比过去更加理解这个世界，掌握更多的知识。"这样的说明恰当而又深刻，为我们揭示了创造性学习的本质。简而言之，当我们对所学的内容进行第三次复述时，最终的目的就是检验我们对知识的创造能力，形成我们自己在这方面的影响力。

简化原则的要点

费曼认为，如果你不懂得简化所学的知识，就等于一直在盲目而缺乏方向地收集"碎片化知识"，贪多不精，只积累了数量却做不到成体系地开发和利用。正如苹果公司创始人史蒂夫·乔布斯所说的"有时候你得到的知识根本称不上知识，充其量只是一堆信息"。这就是为什么许多人经常感叹："尽管学了这么多的知识，却发现就像从没学过一样，因为无法对现实生活起到帮助，我还是那个平庸的我。"究其根源，是人们没有正确地对知识进行成体系的简化和吸收。

在今天这个时代，最有效的学习不再是机械式的记忆、重复高强度的练习和将时间开发到极致的魔鬼式学习，而是严格地遵循简单又直接的费曼学习法，尤其是最后一个步骤：简化，尽可能地简化——只学习你需要的，只学习对你重要的，只学习知识之中"最核心的知识"。在这个原则中，要紧紧地抓住以下三点，对所学的知识进行系统性深挖。

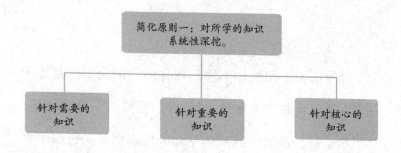

费曼向来不主张追求数量的"贪多求全"的学习，他曾经嘲讽地说："如果有一个人愿意拿自己有限的生命去追逐无限的知识，并且还为此感动，那他纯粹就是一个无知的妄人。"即使不谈论今天，早在几十年前，社会的分工也早已经极其精细，每个领域都如同一架精密的机器，而每个"零件"都代表着一门复杂的学问。最有效率的学习必须也只能是让我们成为某一个领域的专家，而不是试图样样精通，成为全才。这个世界没有全才。

如果你在学习的过程中一味地贪多求全，不舍得删除、整理和归纳，就像吃饭积食一样，不但肠胃受不了，最终整个身体都会不堪重负。你会难以形成自己的知识体系，也无法把其中的一些知识开发到极致，只会让你对知识的匮乏感到更加焦虑和惶恐。

只要用心观察我们就会发现，真正在社会上取得了卓越成就的那些优秀人物，他们都是在自己擅长的某个领域内专注地开发出了自己的天赋。他们的学习具有很强的针对性，能够全神贯注地做好自己的事，平时耐心地厚积薄发，机会来临便能一鸣惊人。

因此，你不要再羡慕那些在不同领域取得成功的人，而要学习他们的做法。只要运用好费曼学习法的简化原

则，高效率地吸收和转化知识，在你擅长的领域内拥有了你自己的知识体系，达到了一定的专业水平，你也能取得令人仰望的成功，而且做得比他们还要好。

学习心得

学习心得

学习心得

学习心得